ZS

München
2. Auflage 2011
ISBN 978-3-89883-311-0

Grafische Gestaltung	Georg Feigl, Claudia Wolff
Rezeptfotos	Andrea Kramp & Bernd Gölling
	(weitere Fotos siehe S. 183)
Foodstyling	Hermann Rottmann
Rezepte und Redaktion	Ines Alms, Sarah Fischer, Beate Scharnweber & ZS-Team
Koordination/Redaktion SWR	Gert Bühringer, Susanne Schey
Herstellung	Karin Mayer, Peter Karg-Cordes
Lithografie	Christine Rühmer
Druck & Bindung	Mohn media Mohndruck GmbH, Gütersloh

Beim Druck dieses Buchs wurde durch den innovativen Einsatz der Kraft-Wärme-Kopplung im Vergleich zum herkömmlichen Energieeinsatz bis zu 52 % weniger CO_2 emittiert. *Dr. Schorb, ifeu.Institut*

Lizenziert durch SWR Media Services GmbH

Besuchen Sie uns auch im Internet unter www.zsverlag.de

ARD Buffet

Speisekarte Deutschland

ZABERT SANDMANN

Inhalt

Speisekarte Deutschland
Das Beste aus den Regionen

Deutschland ist ein reiches Land - nicht nur unter wirtschaftlichen Aspekten betrachtet. Auch kulinarisch. Es gibt eine unglaubliche Vielfalt an Lebensmitteln, die in Deutschland angebaut und produziert werden. Die Qualität dieser Lebensmittel ist in der Regel außergewöhnlich gut. Auch das Bewusstsein für gesunde Ernährung nimmt bei uns seit Jahren stetig zu. Für viele Familien ist es heute wichtig, Gemüse, Kräuter oder Obst der Saison auf dem Teller zu haben. Und beim Einkauf zu wissen, woher das Fleisch, die Eier oder das Getreide stammen. Zutaten, die aus der Region auf kurzem Wege auf den Tisch kommen, sind eben frisch. Immer mehr Haushalte in Deutschland kochen erfreulicherweise mit biologisch erzeugten Lebensmitteln. Unbestritten haben die Deutschen auch großes Interesse an der internationalen Küche, aber parallel dazu ist auch die Wertschätzung für heimische Produkte und aus der Heimat vertraute Gerichte wieder deutlich gestiegen.

Kochen mit den Profis

Und viele haben das Thema »Kochen« in den letzten Jahren wieder neu für sich entdeckt. Spaß am Kochen zu vermitteln, das ist auch eines der wichtigsten Ziele der erfolgreichsten Ratgebersendung im deutschen Fernsehen, dem »ARD-Buffet«. Hier zaubern herausragende Köche täglich Gerichte, deren Rezepte auch bestens zum Nachkochen zu Hause geeignet sind. Jacqueline Amirfallah, Karlheinz Hauser, Michael Kempf, Vincent Klink, Otto Koch und Jörg Sackmann verstehen es glänzend, Kreativität und Innovatives mit Traditionellem zu kombinieren. Allen gemeinsam ist die Grundhaltung, größten Wert auf die Qualität der Lebensmittel zu legen und genau darauf zu achten, dass der Jahreszeit entsprechende Produkte verarbeitet werden.

Deutschland hat abgestimmt

»Speisekarte Deutschland« - Das Beste aus den Regionen ist eine Aktion, die von »ARD-Buffet« und dem Bundesministerium für Ernährung, Landwirtschaft und Verbraucherschutz initiiert wurde und von den Dritten Fernsehprogrammen unterstützt wird. In einem groß angelegten Online-Voting hat ganz Deutschland über seine regionalen Lieblingsgerichte abgestimmt. In diesem Buch erfahren Sie nicht nur, was in den Bundesländern am liebsten gegessen wird. Sie erhalten vielmehr eine umfassende, abwechslungsreiche Rezeptsammlung mit zahlreichen »Klassikern« aus den Regionen zwischen Flensburg und der Zugspitze. Und das Beste: Alle Gerichte sind leicht nachzukochen! Als besonderes Extra haben die Köche des »ARD-Buffet« die Rezepte noch um Tipps und Tricks mit ihrer ganz persönlichen Note ergänzt.
Darüber hinaus bietet das Buch Ihnen wertvolle Tipps zu ganz unterschiedlichen Bereichen der Warenkunde. In vielen Schritt-für-Schritt-Anleitungen erfahren Sie leicht nachvollziehbar, wie Sie handwerklich am besten mit Gemüse, Fleisch oder Fisch umgehen.
Deutschland hat seine Lieblingsgerichte gewählt. Jetzt haben Sie die große Auswahl an leckeren Rezepten. Wir wünschen Ihnen viel Spaß und Geschick beim Kochen und vor allem guten Appetit!

Ihr »ARD-Buffet«-Team

Vorwort

Flensburg
Kiel
Lübeck
Rostock
Schwerin
Hamburg
Emden
Oldenburg
Bremen
Hannover
Braunschweig
Magdeburg
Potsdam
Berlin
Bielefeld
Münster
Detmold
Göttingen
Dessau
Essen
Dortmund
Halle
Leipzig
Kassel
Düsseldorf
Köln
Erfurt
Eisenach
Chemnitz
Dresden
Aachen
Bonn
Wiesbaden
Frankfurt a. M.
Mainz
Trier
Bamberg
Würzburg
Mannheim
Saarbrücken
Nürnberg
Regensburg
Karlsruhe
Stuttgart
Passau
Ulm
Augsburg
Freiburg
München

Vorspeisen & kleine Gerichte

Kleine Gerichte – einfach zubereitet

Es muss nicht immer aufwendig gekocht werden, um eine leckere Mahlzeit zu kreieren. Eine Brotzeit braucht nur wenige und gute Zutaten, z.B. ein kräftiges Brot, ein bisschen frisches oder auch eingelegtes Gemüse, einen herzhaften Käse. Dazu ein schönes Glas Alsterwasser, Äbbelwoi oder ein kühles Helles – was gibt es Besseres? Wenn es schnell, einfach und traditionell sein soll, dann geht es in Deutschland auch häufig um die Wurst: Von der Münchner Weißwurst über die Nürnberger, die Thüringer, die Frankfurter bis hoch zur Berliner Currywurst; jede Region hat ihre eigene Spezialität. Dazu eine Brezen, ein würziges Sauerkraut oder ein saftiger Kartoffelsalat nach Omas Rezept – fertig sind die deutschen Leibspeisen!

1 Wie der eng verwandte Rettich, enthalten **Radieschen** Senföle, die für die Schärfe verantwortlich sind.
2 Der durchwachsene **Speck** stammt vom Schweinebauch, der grüne bzw. fette Speck aus dem Rücken.
3 **Roggenbrot** findet man oft als Schwarz- oder Landbrot im Handel. Ebenfalls aus Roggen: Pumpernickel.
4 Der aus Apfelwein hergestellte **Apfelessig** verleiht Salat, Fleisch und Gemüse eine fruchtige Würze.
5 Wie fast alle Kräuter sollte auch **Schnittlauch** erst zum Schluss zu einem Gericht gegeben werden.
6 **Tafelsenf** passt zu Fleisch und Wurst, würzt Mayonnaisen, Dressings und Saucen. Der dunklere **süße Senf** ist der klassische Begleiter zur Weißwurst.
7 **Petersilie**, glatte und krause, enthält viel Eisen.
8 **Gewürzgurken** sind in Essig eingelegte Gurken, die sich je nach Größe und Würzzutaten unterscheiden.

Salate trocknen

Damit das Dressing nicht verwässert, sollte der Salat trocken sein. Dafür den Salat am besten in eine Salatschleuder geben und trocken schleudern.

Alternativ die Salatblätter in ein Küchentuch geben, die Enden zusammendrehen oder -knoten und den Salat trocken schütteln oder schleudern.

Oder den Salat in ein Sieb geben und trocken schütteln. Eventuell ein Küchentuch darüberlegen. Das nimmt Wasser auf, und die Blätter fallen nicht heraus.

Kartoffelsalat zubereiten

Kartoffeln waschen und in Salzwasser weich garen. Nach Belieben etwas Kümmel hinzufügen. Kartoffeln abgießen und kurz ausdampfen lassen.

Die Kartoffeln möglichst heiß pellen und in dünne Scheiben schneiden. Nach Rezept weitere Zutaten (z.B. Gewürzgurken) dazugeben.

Die vorbereitete Marinade mit den warmen Kartoffelscheiben mischen und etwa 15 Minuten ziehen lassen.

Weißwürste garen

Wasser in einen Topf geben, auf 75 bis 80 °C erhitzen und salzen. Es sollte genug Wasser sein, damit die Würste gut davon bedeckt werden.

Von einer gewaschenen unbehandelten Zitrone etwas Schale abreiben und einige Petersilienstiele waschen. Beides mit den Würsten in das Wasser geben.

Die Weißwürste etwa 15 Minuten ziehen lassen. Das Wasser sollte nicht kochen, da die Würste sonst platzen. Sie sind gar, wenn sie nach oben steigen.

– Baden-Württemberg –

Feldsalat
mit Speck und Kracherle

für 4 Personen

Für den Salat:

300 g Feldsalat
120 g durchwachsener Räucherspeck (am Stück)
2 Scheiben Roggen- oder Schwarzbrot (vom Vortag)
1 EL Öl
2 EL Butter

Für die Marinade:

4 EL Weißweinessig
1/2 TL Zucker
Salz · Pfeffer aus der Mühle
4 EL Öl

1 Für den Salat den Feldsalat verlesen, in reichlich kaltem Wasser gründlich waschen und trocken schleudern. Den Speck in kleine Würfel, die Brotscheiben in 1 bis 2 cm große Würfel, Rauten oder Dreiecke schneiden.

2 Das Öl in einer Pfanne erhitzen, die Speckwürfel darin bei schwacher bis mittlerer Hitze unter Rühren knusprig braten. Den Speck aus der Pfanne nehmen und auf Küchenpapier abtropfen lassen. Die Butter im verbliebenen Speckfett in der Pfanne erhitzen. Die Brotstücke darin auf beiden Seiten goldbraun rösten und ebenfalls auf Küchenpapier abtropfen lassen.

3 Für die Marinade den Essig mit dem Zucker, etwas Salz und Pfeffer verrühren. Das Öl nach und nach unterschlagen.

4 Kurz vor dem Servieren den Feldsalat in einer Schüssel mit der Marinade vermischen. Den Salat auf Tellern anrichten, mit den Speckwürfeln bestreuen und die Kracherle darauf verteilen. Der Salat kann nach Belieben variiert werden. Sehr gut schmeckt er z.B. mit Frühlingszwiebeln und gebratenen braunen Champignons oder Austernpilzen.

LASSEN SIE ES KRACHEN!

Kracherle sind die süddeutsche Version der französischen Croûtons. Die pfiffigen Schwaben verwenden dafür einfach sämtliche Brotreste, um diese in Butter anzubraten. Sie werden über Salate und Suppen gestreut und können passend zum jeweiligen Gericht mit verschiedenen Kräutern, Gewürzen oder Knoblauch verfeinert werden.

Karlheinz Hauser empfiehlt:

» Achten Sie stets darauf, dass Sie Feldsalat bekommen, der im Freiland gewachsen ist. Der Gewächshaussalat hat keine Struktur und ist relativ geschmacksarm. Außerdem fällt er sofort zusammen. Also, nur echte Saisonware verwenden! «

– Baden-Württemberg –

Maultaschen
mit Spinat-Hackfleisch-Füllung

Zutaten für 4–6 Personen

Für den Nudelteig:

400 g Mehl
4 Eier · 1/2 TL Salz
Mehl für die Arbeitsfläche

Für die Füllung:

250 g Blattspinat
250 g gemischtes Hackfleisch
250 g Kalbsbratwurstbrät
1 Bund Petersilie · 2 Eier
Salz · Pfeffer aus der Mühle
frisch geriebene Muskatnuss
je 1/2 TL getrockneter Thymian und Majoran

Außerdem:

1 Eiweiß · 1 l Fleischbrühe
3 Zwiebeln · 2 EL Butter

1 Das Mehl, die Eier, Salz und 6 bis 8 EL Wasser zu einem glatten Nudelteig verkneten. In Frischhaltefolie wickeln und 30 Minuten ruhen lassen.

2 Für die Füllung den Spinat verlesen und waschen, grobe Stiele entfernen. Tropfnass in einem Topf bei schwacher Hitze zusammenfallen lassen. Den Spinat ausdrücken und hacken. Das Hackfleisch mit dem Brät vermischen. Die Petersilie waschen, trocken schütteln und die Blätter hacken, mit Spinat und den Eiern unter die Fleischmasse kneten. Die Füllung mit Salz, Pfeffer, 1 Prise Muskatnuss, Thymian und Majoran würzen.

3 Den Nudelteig halbieren. Jede Hälfte auf der bemehlten Arbeitsfläche zu einer sehr dünnen, etwa 15 cm breiten Bahn ausrollen. Je 1 bis 2 EL Füllung in kleinen Häufchen auf einer der Teigbahnen verteilen, dabei rund um die Häufchen einen etwa 1 1/2 cm breiten Rand frei lassen und diesen mit verquirltem Eiweiß bestreichen. Die zweite Teigplatte darüberlegen und die Ränder fest andrücken. Die Nudelbahn zwischen den Füllungen zu Maultaschen schneiden, die Ränder nochmals andrücken.

4 Die Brühe in einem Topf erhitzen. Die Maultaschen bei schwacher Hitze etwa 10 Minuten garen, bis sie an die Oberfläche steigen. Die Zwiebeln schälen, in Ringe schneiden und in einer Pfanne in der Butter goldbraun braten. Die Maultaschen mit etwas Brühe in tiefe Teller verteilen. Die Zwiebeln darauf anrichten.

Vincent Klink empfiehlt:

» Maultaschenrezepte können nie ganz exakt sein. Man sollte sich auf seinen Instinkt verlassen und auch ruhig mal bei den Zutaten variieren. In letzter Zeit verwende ich für die Füllung mehr Petersilie als Spinat, dadurch wird alles etwas kräftiger im Geschmack. «

– Hessen –

Handkäs mit Musik
(Harzer Käse in Zwiebelmarinade)

Zutaten für 4 Personen
4 kleine, durchgereifte Harzer Korbkäse
1 große Zwiebel
2 EL Apfelessig
3 EL Öl
1/2 TL ganzer Kümmel
Pfeffer aus der Mühle

1 Den Käse in knapp 1 cm dicke Scheiben schneiden und in eine flache Schüssel legen. Die Zwiebel schälen, auf dem Gemüsehobel in feine Ringe hobeln und auf den Käsescheiben verteilen.

2 Den Essig und das Öl verrühren, mit Kümmel und etwas Pfeffer würzen. Die Marinade über den Käse gießen und kurz durchziehen lassen.

3 Den marinierten Käse nach Belieben mit Bauernbrot und Apfelwein servieren.

Variante: Handkäs schmeckt auch ohne die »Musik«. Dafür den Käse ebenfalls in Scheiben schneiden und auf einer gebutterten Bauernbrotscheibe anrichten.

Vincent Klink empfiehlt:

» Was schmeckt noch besser als ein Handkäs? Ganz einfach: zwei Handkäs! Eines Tages schob ich so einen Rundling samt Teller für 5 Minuten in den warmen Ofen. Er wurde richtig schön weich-schmelzend. Kurzum – es war köstlich! «

– Bayern –

Obatzda
mit Radieserl und Brezen

Zutaten für 4 Personen

1 Zwiebel
1/2 TL Butter
250 g reifer Camembert (oder Almkäse; Zimmertemperatur)
150 g Speisequark (20 % Fett)
Salz · Pfeffer aus der Mühle
gemahlener Kümmel
1/2 TL Paprikapulver (edelsüß)
1 Msp. Cayennepfeffer
1 Bund Radieschen
1/2 Bund Schnittlauch

1 Die Zwiebel schälen und in feine Würfel schneiden. Die Butter in einer Pfanne erhitzen, die Zwiebelwürfel darin andünsten und abkühlen lassen.

2 Den Camembert in kleine Würfel schneiden und in eine Schüssel geben. Mit einer Gabel fein zerdrücken und den Quark unterrühren. Die gedünsteten Zwiebeln unter die Käsemischung heben. Mit Salz, Pfeffer, 1 Prise Kümmel, Paprikapulver und Cayennepfeffer abschmecken und mindestens 1 Stunde durchziehen lassen.

3 Das Grün der Radieschen bis auf etwa 1 cm kürzen und die Wurzelansätze abschneiden. Die Radieschen gründlich waschen und abtropfen lassen. Den Schnittlauch waschen, trocken schütteln und in kleine Röllchen schneiden.

4 Den Obatzdn in ein kleines Schälchen füllen. Mit dem Schnittlauch bestreuen und mit den Radieschen servieren. Dazu passen Laugenbrezen oder frisches Bauernbrot.

GERNE AUCH MIT SCHWIPS

Obatzda bedeutet so viel wie »Angebatzter« und ist eigentlich eine Resteverwertung von reifem bis überreifem Brie oder Camembert. Der Käse wird zerdrückt und mit weiteren Zutaten zu einer breiigen Masse vermischt, also »angebatzt«. In der Schweiz nennt man ihn daher »Gmanschter«, in Franken »Gerupfter« oder »Angemachter«. Dort verfeinert man ihn auch häufig noch mit einem Schuss Weißwein, in Oberbayern rührt man dagegen gerne etwas Weißbier unter.

Otto Koch empfiehlt:

» Achten Sie beim Einkauf darauf, dass der Camembert weich und reif ist. Das ist entscheidend für eine schöne, cremige Konsistenz vom Obatzdn. Holen Sie den Camembert rechtzeitig aus dem Kühlschrank, damit er vor der Verarbeitung Zimmertemperatur annehmen kann. «

– Bayern–

Weißwurst
mit süßem Senf und Brezen

Zutaten für 4 Personen

Für den süßen Senf (ergibt ca. 4 Gläser à 250 ml):

1 TL schwarze Pfefferkörner
1 TL Pimentkörner
250 g gelbe Senfkörner
50 g schwarze Senfkörner
350 ml Weißweinessig
250 g Rohrzucker
1 Lorbeerblatt
1 EL Salz

Für die Weißwürste:

Salz
8 Weißwürste
4 – 8 Laugenbrezen

1 Für den Senf die Pfeffer- und Pimentkörner in der Küchenmaschine oder einer sauberen Kaffeemühle grob mahlen. Nach und nach den gelben und schwarzen Senf dazugeben und ebenfalls mahlen.

2 Den Essig mit etwa 350 ml Wasser, dem Zucker und dem Lorbeerblatt aufkochen. Den Topf vom Herd nehmen. Die gemahlenen Pfeffer-, Piment- und Senfkörner sowie das Salz unterrühren. Etwa 2 Stunden quellen lassen. Gelegentlich umrühren. Falls nötig, noch etwas Wasser hinzugießen. Die Konsistenz sollte eher dünn sein, da der Senf noch eindickt.

3 Die Einmachgläser mindestens 5 Minuten auskochen und trocknen lassen. Die Senfmasse kurz erhitzen, das Lorbeerblatt entfernen und die Masse heiß in die Gläser abfüllen. Die Gläser verschließen und den Senf 1 bis 2 Wochen an einem kühlen, dunkeln Ort ziehen lassen.

4 Für die Weißwürste einen Topf mit reichlich Salzwasser auf 75 bis 80 °C erhitzen. Nach Belieben 1 Stück unbehandelte und gewaschene Zitronenschale und 2 bis 3 Petersilienstiele hinzufügen (siehe S. 11).

5 Die Weißwürste in das Wasser geben und etwa 15 Minuten darin ziehen lassen – nicht kochen, sonst platzen sie. Wenn die Weißwürste nach oben steigen, sind sie gar. Die Weißwürste mit dem süßen Senf und frischen Brezen auf Tellern anrichten und servieren.

Otto Koch empfiehlt:

» Bei Weißwürsten kommt es darauf an, dass sie von einem guten Metzger und nicht zu fett sind. Die Brezen sollten außen kross und innen weich sein. Wenn Sie den Senf nicht selber herstellen möchten, finden Sie auch im Handel sehr guten Weißwurstsenf. «

– Hessen –

Frankfurter Würstchen
mit Kartoffelsalat

Zutaten für 4 Personen
800 g festkochende Kartoffeln
Salz
200 ml Fleisch- oder Gemüsebrühe
2 EL Essig
4 Gewürzgurken
Pfeffer aus der Mühle
2 Zwiebeln (alternativ 2 Frühlingszwiebeln oder 1 Bund Schnittlauch)
120 g durchwachsener Räucherspeck (am Stück)
1 EL Öl
4 Paar Frankfurter Würstchen

1 Die Kartoffeln waschen und mit der Schale in Salzwasser etwa 25 Minuten gar kochen. Die Kartoffeln abgießen, möglichst heiß pellen, in dünne Scheiben schneiden und in eine Schüssel geben.

2 Die Brühe mit dem Essig aufkochen und heiß über die Kartoffelscheiben gießen. Die Gurken in kleine Würfel schneiden und vorsichtig untermischen. Mit Pfeffer würzen und gut durchziehen lassen.

3 Inzwischen die Zwiebeln schälen und in feine Würfel schneiden. Den Speck in kleine Würfel oder Streifen schneiden. Das Öl in einer Pfanne erhitzen, den Speck darin bei schwacher bis mittlerer Hitze unter Rühren knusprig braten. Aus der Pfanne nehmen und auf Küchenpapier abtropfen lassen. Die Zwiebeln im verbliebenen Speckfett in der Pfanne bei schwacher Hitze andünsten. Mit der Hälfte des Specks unter den Kartoffelsalat mischen, den restlichen Speck darüberstreuen.

4 Die Frankfurter Würstchen in einem Topf mit heißem, nicht kochendem Wasser etwa 5 Minuten ziehen lassen. Den warmen Kartoffelsalat nochmals abschmecken, nach Belieben mit etwas frisch geriebener Muskatnuss würzen und mit den Würstchen anrichten.

Vincent Klink empfiehlt:

» Nur von Kartoffelsalat leben, ich glaube, das würde ich gut schaffen. Er ist ja ein äußerst vielfältiges Gericht, und jeder Landstrich fordert für sich die allein seligmachende Richtigkeit ein. Zumindest zwei Variationen finden Sie in diesem Kapitel (siehe auch S. 21), und beide sind Köstlichkeiten, wenn man sie mit Sorgfalt zubereitet. «

– Berlin –

Berliner Currywurst
mit selbst gemachtem Ketchup

Zutaten für 4 Personen

Für den Tomatenketchup:

1 Zwiebel
6 EL Öl
2 EL brauner Zucker
1 EL mildes Currypulver
1 TL Paprikapulver (edelsüß)
2 EL Tomatenmark
50 ml Gemüsebrühe
400 g stückige Tomaten (aus der Dose)
1–2 EL Weißweinessig
Salz

Für die Currywurst:

4 Bratwürste (mit oder ohne Darm)
1 EL Öl

1 Für den Tomatenketchup die Zwiebel schälen und in feine Würfel schneiden. In einem Topf 1 EL Öl erhitzen, die Zwiebelwürfel darin bei schwacher bis mittlerer Hitze dünsten. Den braunen Zucker hinzufügen und karamellisieren. Das Curry- und Paprikapulver dazugeben. Das Tomatenmark unterrühren und kurz anrösten.

2 Die Brühe, die stückigen Tomaten mit dem Saft und 1 EL Essig unterrühren. Den Ketchup bei schwacher bis mittlerer Hitze etwa 40 Minuten zu einem sämigen Brei einkochen lassen, dabei gelegentlich umrühren. Die Tomatenmasse durch ein Sieb streichen, abkühlen lassen und mit dem Stabmixer das restliche Öl untermixen. Den Ketchup mit Salz, Essig und nach Belieben etwas Cayennepfeffer abschmecken.

3 Für die Currywurst die Bratwürste mit einem scharfen Messer mehrmals schräg einschneiden. Das Öl in einer Pfanne erhitzen und die Bratwürste darin bei mittlerer Hitze rundum braun braten.

4 Die Bratwürste mit dem Tomatenketchup anrichten. Nach Belieben noch etwas Currypulver darüberstreuen. Die Currywurst schmeckt übrigens auch mit dicken roten Bratwürsten.

Michael Kempf empfiehlt:

» Der Tomatenketchup passt auch wunderbar zu Grillfleisch, vor allem zu Rind. Für einen BBQ-Ketchup einfach 8 Scheiben ausgelassenen Räucherspeck und 1 TL geräuchertes Paprikapulver mit der Sauce einkochen und mit etwas Zitronenschale, Chili und gerösteter Senfsaat abschmecken. «

– Thüringen –

Rostbratwurst
mit Kartoffelsalat

Zutaten für 4 Personen
1 kg festkochende Kartoffeln
Salz
3 EL Essig
3 EL Gänseschmalz
Pfeffer aus der Mühle
2 EL Zucker
500 g Äpfel
2 Gewürzgurken
1 große Zwiebel
1 Bund Schnittlauch
1–2 EL Öl
4 Thüringer Rostbratwürste

1 Für den Kartoffelsalat die Kartoffeln waschen und mit der Schale in Salzwasser etwa 25 Minuten gar kochen. Abgießen, heiß pellen, in Scheiben schneiden und in einer Schüssel zugedeckt warm halten.

2 Den Essig erhitzen und das Gänseschmalz darin schmelzen lassen – das Schmalz sollte jedoch nicht kochen! Mit Salz, Pfeffer und Zucker kräftig würzen.

3 Die Äpfel waschen, vierteln, entkernen und mit den Gurken in kleine Würfel schneiden. Die Zwiebel schälen und in feine Würfel schneiden. Die Äpfel, die Gurken und die Zwiebel unter die Kartoffeln mischen. Den heißen Essigsud darübergießen und gut untermischen.

4 Den Schnittlauch waschen, trocken schütteln, in Röllchen schneiden und über den Kartoffelsalat streuen.

5 Das Öl in einer Pfanne oder Grillpfanne erhitzen, die Bratwürste darin rundum bei mittlerer Hitze etwa 10 Minuten goldbraun braten. Die Thüringer Rostbratwürste mit dem lauwarmen Kartoffelsalat anrichten.

Vincent Klink empfiehlt:

» Jede Landschaft in Deutschland bringt eine eigene Art von Kartoffelsalat auf den Tisch. Es macht Spaß, immer wieder mal ein anderes Rezept auszuprobieren. Kartoffelsalat sollten Sie jedoch nicht eiskalt servieren, sondern möglichst mit Zimmertemperatur, wenn nicht sogar noch lauwarm. «

– Bayern –

Nürnberger Bratwürste
mit fränkischem Weinsauerkraut

Zutaten für 4 – 6 Personen
2 Zwiebeln
3 – 4 EL Öl
1,2 kg Sauerkraut
3 Wacholderbeeren
3 Lorbeerblätter
1/2 l Weißwein
1 dicke Scheibe durchwachsener Räucherspeck (oder 1 Stück Speckschwarte)
1 TL Salz
Pfeffer aus der Mühle
1 EL Zucker
1 mittelgroße mehligkochende Kartoffel
16 Nürnberger Rostbratwürste

1 Die Zwiebeln schälen und in feine Ringe schneiden. In einem Topf 2 EL Öl erhitzen und die Zwiebelringe darin bei schwacher Hitze dünsten.

2 Das Sauerkraut dazugeben und kurz mitdünsten. Die Wacholderbeeren andrücken und mit den Lorbeerblättern untermischen. Den Wein angießen und aufkochen lassen. Die Scheibe Speck hinzufügen und alles etwa 40 Minuten zugedeckt bei milder Hitze schmoren. Mit Salz, Pfeffer und Zucker abschmecken.

3 Den Speck aus dem Kraut nehmen. Die Kartoffel schälen, waschen, fein reiben und unter das Kraut mischen. Das Weinsauerkraut bei milder Hitze etwa 20 Minuten offen leicht köcheln lassen.

4 Das restliche Öl in einer großen Pfanne erhitzen und die Nürnberger Rostbratwürste darin bei mittlerer Hitze rundum braun braten. Herausnehmen und nach Belieben auf Küchenpapier kurz abtropfen lassen. Die Bratwürste mit dem Weinsauerkraut anrichten. Nach Belieben mit Senf servieren.

Vincent Klink empfiehlt:

» Kurz vor dem Anrichten die Würstchen in der Pfanne schwenken und sehr viel Majoran drangeben. Sie wirken dann fast wie paniert. Man muss sich nur die hohe Majorandosis trauen und wird es garantiert nicht bereuen. «

– Hessen –

Salzekuchen
(deftiger Sauerteig-Blechkuchen)

Zutaten für 1 Blech
500 g gegarte mehligkochende Kartoffeln
250 g Zwiebeln
125 g durchwachsener Räucherspeck (am Stück)
1 Bund Petersilie
1/8 l Öl
250 g Speisequark
1 Ei
Salz
gemahlener Kümmel
Butter und Mehl für das Blech
750 g Brotteig (Sauerteig; am besten beim Bäcker bestellen)

1 Die gegarten Kartoffeln pellen und durch die Kartoffelpresse drücken. Die Zwiebeln schälen und in feine Würfel schneiden. Den Speck in kleine Würfel schneiden. Die Petersilie waschen und trocken schütteln, die Blätter abzupfen und fein hacken.

2 Das Öl in einer Pfanne erhitzen, den Speck darin leicht goldbraun braten, dann die Zwiebeln hinzufügen und andünsten. Alles etwas abkühlen lassen.

3 Die Zwiebel-Speck-Mischung samt Öl, die Petersilie, den Quark und das Ei zur Kartoffelmasse geben und unterrühren. Mit etwas Salz und Kümmel würzig abschmecken.

4 Den Backofen auf 220 °C vorheizen. Das Backblech einfetten und mit Mehl bestäuben. Den Brotteig mit dem Nudelholz direkt auf dem Blech ausrollen oder mit bemehlten Händen auf dem Blech in Form drücken. Die Kartoffelmasse darauf verteilen. Den Salzekuchen im Ofen auf der mittleren Schiene 30 bis 40 Minuten goldbraun backen. Typisch als Getränk dazu wird Bier, Apfelwein oder eine Tasse Kaffee serviert.

Michael Kempf empfiehlt:

» Etwas feiner wird das Ganze, wenn Sie Lauch statt Zwiebeln verwenden und den abgekühlten Kuchen mit Räucherlachs (etwa 100 g), Dill und Sahnemeerrettich veredeln. Oder probieren Sie es vegetarisch: statt Speck je 80 g gewürfelten Schafskäse und getrocknete, fein gewürfelte Tomaten, 40 g gehackte grüne Oliven und etwas fein geschnittenen Rosmarin und Thymian unter die Kartoffelmasse geben. «

– Baden-Württemberg –

Zwiebelkuchen vom Blech

Zutaten für eine Springform (30 cm ø) oder ein kleines Backblech

Für den Teig:

250 g Mehl
10 g Hefe
1/8 l lauwarme Milch
5 EL weiche Butter
1/2 TL Salz
Butter und Paniermehl für die Form
Mehl für die Arbeitsfläche

Für den Belag:

1 kg Zwiebeln
1 EL Gänse- oder Butterschmalz
2 EL Mehl
250 g saure Sahne
3 Eier · Salz
2 Msp. gemahlener Kümmel
60 g durchwachsener Räucherspeck (in Würfeln)

1 Für den Teig das Mehl in eine Schüssel geben und in die Mitte eine Mulde hineindrücken. Die Hefe mit etwas lauwarmer Milch verrühren, in die Mulde gießen und mit etwas Mehl bestäuben. Den Vorteig zugedeckt an einem warmen Ort etwa 10 Minuten gehen lassen.

2 Die restliche Milch, die Butter und das Salz zum Vorteig geben und alles zu einem geschmeidigen Teig verkneten. Den Teig zugedeckt an einem warmen Ort nochmals 20 bis 30 Minuten gehen lassen.

3 Die Springform mit Butter einfetten und mit Paniermehl ausstreuen. Den Hefeteig auf der leicht bemehlten Arbeitsfläche ausrollen und die Springform damit auslegen, dabei einen Rand hochziehen. Alternativ den Teig auf dem gefetteten und mit Paniermehl bestreuten Backblech auslegen. Den Backofen auf 200 °C vorheizen.

4 Für den Belag die Zwiebeln schälen und in feine Würfel schneiden. Die Zwiebelwürfel in einer Pfanne im heißen Schmalz leicht andünsten. Das Mehl mit der sauren Sahne, den Eiern, etwas Salz und Kümmel verrühren. Die abgekühlten Zwiebeln untermischen.

5 Den Zwiebelbelag auf dem Teig verteilen. Die Speckwürfel darüberstreuen und den Zwiebelkuchen im Ofen auf der mittleren Schiene etwa 1 Stunde goldbraun backen.

EIN WEINLIEBHABER

Wo Wein angebaut wird, da kennt man auch Zwiebelkuchen. Beziehungsweise Zwiwwelkuche, Zwiebelwähe, Zwiebelplootz oder -ploatz, wie nur einige regionale Bezeichnungen lauten. Denn Wein, allen voran Federweißer, passt hervorragend zu diesem Gericht, und so darf die gelungene Kombination in Schwaben, Baden, in der Pfalz und in Franken auf keinem Weinfest fehlen. Statt mit Hefeteig kann man Zwiebelkuchen auch mit Mürbeteig herstellen. Mit etwas Käse verfeinert, ist er in der Schweiz ebenfalls eine beliebte Spezialität. Der Kümmel soll übrigens für eine leichtere Bekömmlichkeit der Zwiebeln sorgen.

Jörg Sackmann empfiehlt:

» Der Zwiebelkuchen wird oft als Blechkuchen zubereitet, ich selbst mag ihn aber lieber in einer hohen runden Form, weil er dann saftiger ist. Die Speckwürfel gebe ich erst auf den Kuchen, wenn er schon etwas angebacken ist. «

Suppen & Eintöpfe

Ein Topf – viel Geschmack

Besonders in der kalten Jahreszeit sind Suppen und Eintöpfe eine echte Wohltat für Körper und Seele. Und meist machen sie nicht viel Arbeit: Schmoren oder blubbern die Zutaten erst einmal vor sich hin, braucht man nichts weiter tun, als Tee zu trinken und abzuwarten. Und zum Schluss gibt es nur einen Topf zu spülen. Aber nicht nur deswegen sind Suppen und Eintöpfe hierzulande so beliebt. Die Zutaten für regionale Kreationen finden sich fast überall und das ganze Jahr über. Sie sind preiswert, und nicht selten hat man das ein oder andere ohnehin im Haus und kann ein paar Reste verwerten. Auf jeden Fall lohnt es sich, eine größere Portion zu kochen, denn am nächsten Tag schmecken Ein-Topf-Gerichte meist noch besser.

1 Bohnen unterscheidet man nach ihrer Wuchsform in Busch- und **Stangenbohnen**. Letztere ranken höher und müssen durch eine Stange gestützt werden.
2 **Suppengemüse** oder auch Suppengrün besteht meist aus je einem Stück Sellerie und Lauch, einer oder mehreren Möhren und etwas Petersilie. Es bildet die perfekte Basis für Brühen, Suppen und Eintöpfe.
3 Gewürze dürfen in der Suppenküche nicht fehlen: **Lorbeer** passt am besten zu Fleischeintöpfen; **Liebstöckel**, auch Maggikraut, ersetzt die Flüssigwürze; für Leber, Wurst und Zwiebeln ist **Majoran** das Gewürz der Wahl, **Muskatnuss** verfeinert Suppen aller Art.
4 Es lohnt sich, **Gemüse-** oder **Fleischbrühe** selbst zuzubereiten. Ein echter Klassiker ist Hühnerbrühe.
5 Sind **Zwiebeln** die Hauptzutat eines Gerichts, sollten Sie milde Sorten wie Gemüsezwiebeln verwenden.

Leberspätzle zubereiten

Eine Zwiebel schälen und in feine Würfel schneiden. In einer Pfanne in Öl andünsten. Die Butter schaumig schlagen und das Eigelb unterrühren.

Eiweiß, Paniermehl, Zwiebel, Lebermasse und Petersilie untermischen. Mit Salz, Pfeffer, Majoran und nach Belieben etwas Zitronenschale würzen.

Die Masse mit einer Teigkarte von einem Brett oder mit dem Spätzlehobel in kochendes Salzwasser hobeln. Wenn sie nach oben steigen, sind sie gar.

Hühnerbrühe zubereiten

Ein Huhn mit klein geschnittenem Suppengemüse, Kräutern (z.B. Liebstöckel, Petersilie) und 2 gebräunten Zwiebelhälften (siehe S.89) in einen Topf geben.

Etwas Wein angießen und mit reichlich Wasser auffüllen. Gewürze (Salz, Lorbeer, Piment, Gewürznelke) hinzufügen und 2 bis 3 Stunden köcheln lassen.

Dabei aufsteigenden Schaum mit dem Schaumlöffel abnehmen. Das Huhn herausnehmen, die Brühe durch ein Sieb gießen. Mit dem Schöpflöffel entfetten.

Hülsenfrüchte einweichen und garen

Hülsenfrüchte in reichlich kaltem Wasser einweichen. Nach Belieben Kräuter hinzugeben. Kühl stellen und über Nacht quellen lassen.

Abgießen, nach Belieben mit Kräutern, Zwiebeln und Knoblauch in Öl andünsten und mit Wasser aufgießen oder direkt in Wasser aufkochen. Nicht salzen!

Hülsenfrüchte nach Packungsanweisung köcheln lassen. Gegebenenfalls den aufsteigenden Schaum mit dem Schaumlöffel abschöpfen.

– Sachsen –

Sächsische Kartoffelsuppe
mit Bockwürstchen

Zutaten für 4 Personen

1 Zwiebel
1 große Möhre
200 g Knollensellerie
1/2 l Fleischbrühe
400 g mehligkochende Kartoffeln
Salz
4 Zweige Majoran (oder 1 TL getrockneter Majoran)
Pfeffer aus der Mühle
frisch geriebene Muskatnuss
100 g Sahne
4 Bockwürste
1 EL gehackte Petersilie

1 Die Zwiebel schälen und in feine Würfel schneiden. Die Möhre und den Sellerie putzen, schälen und in kleine Würfel schneiden. Die Brühe in einem Topf erhitzen und das Gemüse darin zugedeckt etwa 20 Minuten weich garen.

2 Inzwischen die Kartoffeln schälen, waschen, in grobe Würfel schneiden und in einen Topf geben. Mit Wasser bedecken, etwas Salz hinzufügen und etwa 15 Minuten garen. Nach 10 Minuten den gewaschenen Majoran dazugeben.

3 Das Gemüse mit dem Stabmixer fein pürieren. Die Kartoffeln abgießen und dabei das Kochwasser auffangen. Die heißen Kartoffeln durch die Kartoffelpresse zu dem pürierten Gemüse drücken. Mit Salz, Pfeffer und 1 Prise Muskatnuss würzen. Die Sahne hinzufügen und alles mit dem Schneebesen kräftig durchrühren.

4 Die Suppe erneut erhitzen. So viel Kochwasser dazugeben, bis die gewünschte Konsistenz erreicht ist. Die Kartoffelsuppe mit dem Stabmixer aufschäumen. Die Bockwürste in Scheiben schneiden und in der Suppe erwärmen. Die Kartoffelsuppe in tiefen Tellern anrichten und mit der Petersilie garnieren. Nach Belieben kurz vor dem Servieren etwas geschlagene Sahne unterheben.

Vincent Klink empfiehlt:

» Am besten verwenden Sie frischen Majoran, auch wenn er selten so intensiv duftet wie der getrocknete. Der Sachse tut gut daran, den berühmten Thüringer Majoran an die Suppe zu geben. Nicht nur der Sachse, ich selbst auch. «

– Baden-Württemberg –

Leberspätzlesuppe
mit Petersilie und Majoran

Zutaten für 4 Personen
100 g Kalbsleber (ersatzweise andere Leber)
1 kleine Zwiebel
1 TL Öl
4 EL weiche Butter
1 Ei
80 g Paniermehl
1 EL gehackte Petersilie
Salz · Pfeffer aus der Mühle
getrockneter Majoran
1 l Fleischbrühe

1 Die Leber putzen, waschen, trocken tupfen und durch den Fleischwolf drehen oder im Küchenmixer zerkleinern.

2 Die Zwiebel schälen und in feine Würfel schneiden. Das Öl in einer Pfanne erhitzen und die Zwiebel darin bei schwacher Hitze andünsten.

3 Die Butter mit dem Schneebesen schaumig schlagen. Das Ei trennen. Das Eigelb unter die Butter rühren. Das Eiweiß und das Paniermehl untermischen. Die Leber, die Zwiebel und die Petersilie dazugeben und ebenfalls unterrühren. Die Spätzlemasse mit Salz, Pfeffer und 1 Prise Majoran würzen.

4 In einem Topf Salzwasser zum Sieden bringen. Einen Spätzlehobel kurz in das Salzwasser tauchen, den Spätzleteig einfüllen und in das Wasser hobeln. Wenn die Spätzle nach oben steigen, einmal kurz aufkochen lassen, dann mit dem Schaumlöffel herausnehmen.

5 Die Brühe in einem Topf erhitzen. Die Leberspätzle mit der heißen Fleischbrühe in tiefen Tellern anrichten.

Michael Kempf empfiehlt:

» Als alternative oder zusätzliche Einlagen für diese Suppe eignen sich z.B. Backerbsen und Schnittlauch, fein geschnittene Flädle mit Kräutern (siehe S. 34) oder Grießklößchen. Alles zusammen ergibt die klassische schwäbische Hochzeitssuppe. «

– Thüringen –

Weimarer Zwiebelsuppe
mit überbackenem Roggenbrot

Zutaten für 4 Personen

Für die Zwiebelsuppe:
- 1 l Fleischbrühe
- 4 Zwiebeln
- 1 kleine Stange Lauch
- 2 EL Butter
- 1 TL Tomatenmark
- 100 ml Bier
- 1/2 TL getrockneter Majoran
- 1/2 TL gemahlener Kümmel
- Salz · Pfeffer aus der Mühle
- Zucker

Für das Roggenbrot:
- 1 große Scheibe Roggenbrot
- 100 g geriebener Emmentaler
- 1 Eigelb
- 1 TL Senf
- Pfeffer aus der Mühle

1 Für die Zwiebelsuppe die Brühe in einem Topf erhitzen.

2 Die Zwiebeln schälen und nach Belieben in dünne Ringe oder feine Spalten schneiden. Den Lauch putzen, waschen und in dünne Ringe schneiden.

3 Die Butter in einem Topf erhitzen, die Zwiebeln darin bei schwacher bis mittlerer Hitze andünsten. Die Lauchringe hinzufügen und kurz mitdünsten. Das Tomatenmark dazugeben und unter Rühren kurz anrösten. Die heiße Brühe und das Bier dazugießen.

4 Die Suppe kurz köcheln lassen, mit dem Majoran, dem Kümmel, Salz, Pfeffer und 1 Prise Zucker würzen. Die Zwiebelsuppe warm halten.

5 Für das überbackene Roggenbrot den Backofengrill einschalten. Das Roggenbrot toasten und vierteln. Den Käse, das Eigelb und den Senf verrühren. Die Brotstücke mit der Masse bestreichen und im Ofen auf der mittleren Schiene goldbraun überbacken. Herausnehmen und mit Pfeffer würzen.

6 Die Zwiebelsuppe auf tiefe Teller verteilen, die überbackenen Roggenbrotviertel darauf anrichten und nach Belieben mit Schnittlauchröllchen bestreuen.

EIN INTERNATIONALER KLASSIKER

Zwiebelsuppe steht natürlich nicht nur in Weimarer Restaurants auf der Speisekarte, sie wird auch in Ländern wie Frankreich, Italien und in Teilen Arabiens gerne serviert. Und jede ist ein bisschen anders. Diese hier schmeckt nicht nach Wein, wie manche ihrer ausländischen Pendants, sondern ein wenig nach Bier und Majoran, und sie hat eine besonders raffinierte Variante von Käse-Croûtons mit dabei.

Jacqueline Amirfallah empfiehlt:

» Ein sehr feines Aroma erhält die Suppe, wenn Sie etwas weniger Fleischbrühe verwenden (etwa 700 ml) und dafür noch 300 ml trockenen Weißwein und 50 ml Cognac zu den Zwiebelscheiben in den Topf geben. «

– Baden-Württemberg –

Flädlesuppe
mit Schnittlauch

Zutaten für 4 – 6 Personen
200 g Mehl
3 Eier
ca. 1/4 l Milch
Salz
1 EL zerlassene Butter
Butter (oder Butterschmalz) zum Ausbacken
1 l kräftige Fleischbrühe
Pfeffer aus der Mühle
frisch geriebene Muskatnuss
1 Schuss Weißwein
2 EL Schnittlauchröllchen (oder gehackte Petersilie)

1 Das Mehl in eine Schüssel sieben. Die Eier, die Milch und 1 Prise Salz hinzufügen und mit den Quirlen des Handrührgeräts gut verrühren. Zum Schluss die flüssige Butter unterrühren.

2 Jeweils etwas Butter in einer Pfanne erhitzen. Mit dem Schöpflöffel etwas Teig in die Pfanne geben, dabei die Pfanne vom Herd nehmen und leicht schwenken, damit sich der Teig gleichmäßig verteilt. Den Pfannkuchen bei schwacher bis mittlerer Hitze goldbraun backen, wenden und auf der anderen Seite ebenfalls goldbraun backen. Pfannkuchen aus der Pfanne nehmen und noch heiß aufrollen. Auf diese Weise aus dem restlichen Teig weitere Pfannkuchen backen.

3 Die Pfannkuchenrollen abkühlen lassen und quer in sehr dünne Streifen schneiden. Die Brühe erhitzen, mit Salz, Pfeffer, 1 bis 2 Prisen Muskatnuss und Wein abschmecken.

4 Die Flädle auf tiefe Teller verteilen, jeweils etwas heiße Brühe darübergeben. Die Flädlesuppe zum Servieren mit Schnittlauch oder Petersilie bestreuen.

Jörg Sackmann empfiehlt:

» Verfeinern Sie den Pfannkuchenteig zusätzlich mit frisch gehackten Kräutern, das gibt den Flädle ein besonders schmackhaftes Aroma. Am besten schmecken die Flädle, wenn die Pfannkuchen dann noch sehr dünn ausgebacken werden. «

– Mecklenburg-Vorpommern –

Plumm un Tüffel
(Pflaumen und Kartoffeln)

Zutaten für 4 Personen
200 g Backpflaumen (ohne Stein)
3/4 l Fleischbrühe
2 große Zwiebeln
1 Lorbeerblatt
2 Gewürznelken
750 g festkochende Kartoffeln
1 EL Butter
500 g durchwachsener Räucherspeck (am Stück)
1 TL Zucker
Salz · Pfeffer aus der Mühle
2 – 3 EL Zitronensaft

1 Die Backpflaumen über Nacht in Wasser einweichen. Am nächsten Tag in ein Sieb abgießen und abtropfen lassen, dabei die Einweichflüssigkeit auffangen.

2 In einem Topf die Brühe erhitzen. Die Zwiebeln schälen. Eine Zwiebel in feine Würfel schneiden. Das Lorbeerblatt mit den Nelken auf der anderen Zwiebel feststecken. Die Kartoffeln schälen, waschen und in knapp 2 cm große Würfel schneiden.

3 Die Butter in einem Topf erhitzen und die Zwiebelwürfel darin andünsten. Die Brühe dazugießen, den Speck, die gespickte Zwiebel und den Zucker dazugeben und bei schwacher Hitze 25 Minuten garen. Die Kartoffelwürfel hinzufügen und weitere 10 Minuten garen.

4 Den Speck aus dem Kochsud nehmen und in Würfel schneiden. Mit den Backpflaumen und nach Belieben etwas Einweichflüssigkeit zurück in den Topf geben und weitere 10 Minuten garen. Den Eintopf mit Salz, Pfeffer und Zitronensaft abschmecken. Nach Belieben noch mit 1 Prise Zimtpulver verfeinern.

Michael Kempf empfiehlt:

» In die Fleischbrühe passt sehr gut etwas gemahlener Kümmel. Um diesem Gericht Frische und Raffinesse zu verleihen, würde ich zum Schluss fein geschnittenen Schnittlauch und Majoran darüberstreuen. Es ist auf jeden Fall ein Gericht für die kältere Jahreszeit – es wärmt sehr schön von innen! «

– Rheinland-Pfalz –

Kastaniencremesuppe
mit Weißwein

Zutaten für 4 Personen
1 Zwiebel
1 mehligkochende Kartoffel
350 g Esskastanien (Maronen; vorgegart und geschält)
3 EL Butter
1 TL Zucker
300 ml Weißwein (z.B. Riesling)
3/4 l Hühner- oder Gemüsebrühe
2 Stiele Liebstöckel
1 Zweig Thymian
200 g Sahne
Salz · Pfeffer aus der Mühle
1 Birne

1 Die Zwiebel schälen und in feine Würfel schneiden. Die Kartoffel schälen, waschen und in kleine Würfel schneiden. 4 bis 5 Esskastanien für die Einlage beiseitelegen, die restlichen Kastanien klein schneiden.

2 In einem Topf 2 EL Butter erhitzen, die Zwiebel darin andünsten. Die Kartoffelwürfel und Kastanienstücke hinzufügen und bei schwacher bis mittlerer Hitze etwa 5 Minuten mitdünsten. Mit dem Zucker bestreuen und leicht karamellisieren. Mit dem Wein ablöschen und die Brühe dazugießen. Alles aufkochen und bei schwacher bis mittlerer Hitze etwa 30 Minuten weich garen.

3 Den Liebstöckel und Thymian waschen, trocken schütteln und die Blätter abzupfen. Die Liebstöckelblätter in Streifen schneiden. Die Hälfte der Kräuterblätter in die Suppe geben. Die Kastaniensuppe mit dem Stabmixer fein pürieren, dabei etwa 100 g Sahne untermixen. Mit Salz, Pfeffer und nach Belieben etwas Zitronensaft abschmecken.

4 Die Birne waschen, vierteln, entkernen und in Würfel schneiden. Die restlichen Kastanien in Scheiben schneiden. Die übrige Butter in einer Pfanne erhitzen. Die Kastanienscheiben darin 2 bis 3 Minuten leicht knusprig braten, die Birnenwürfel hinzufügen und kurz mitbraten. Mit etwas Salz würzen.

5 Die restliche Sahne halbsteif schlagen und kurz vor dem Servieren unter die Suppe heben. Die Kastaniensuppe auf tiefe Teller verteilen. Als Einlage die Kastanien-Birnen-Mischung hineingeben. Mit den übrigen Kräutern bestreuen.

EDLES AUS DEM PFÄLZERWALD

Keschde« nennen die Pfälzer die essbaren Edelkastanien, die dort auf den Hängen des Pfälzerwalds wild wachsen. Man kann sie im Herbst säckeweise einsammeln und anschließend süß oder pikant zubereiten. Dieses feine Süppchen beispielsweise wird gerne vor dem Sonntagsbraten als eldle Vorspeise auf den Tisch gebracht.

Otto Koch empfiehlt:

» Wer sich etwas Luxus leisten möchte, kann am Ende ein wenig frischen weißen Trüffel über die Kastaniensuppe hobeln. «

– Nordrhein-Westfalen –

Schwarzbrotsuppe
mit Mettwurst

Zutaten für 4 Personen

2 kleine Zwiebeln
1 Knoblauchzehe
1 EL Butter
5 – 6 Scheiben Schwarzbrot (oder Vollkornbrot)
200 g Sahne
150 ml Milch
450 ml Gemüsebrühe
Salz · Pfeffer aus der Mühle
frisch geriebene Muskatnuss
150 g Mettwurst
1 EL Öl
1 Bund Schnittlauch

1 Die Zwiebeln und den Knoblauch schälen und in feine Würfel schneiden. Die Butter in einem Topf erhitzen, die Zwiebeln und den Knoblauch darin andünsten.

2 Das Schwarzbrot zerkrümeln, in den Topf geben und kurz anrösten. Die Sahne, die Milch und die Brühe angießen und aufkochen lassen. Die Suppe mit dem Stabmixer fein pürieren. Mit Salz, Pfeffer und 1 bis 2 Prisen Muskatnuss würzen und warm halten.

3 Die Mettwurst in Scheiben schneiden. Das Öl in einer Pfanne erhitzen und die Wurstscheiben darin kurz auf beiden Seiten braten.

4 Den Schnittlauch waschen, trocken schütteln und in Röllchen schneiden. Die Suppe auf tiefe Teller verteilen, die gebratenen Mettwurstscheiben darin verteilen und mit dem Schnittlauch bestreuen.

Jörg Sackmann empfiehlt:

» Für eine Brotsuppe wurde früher oft auch hartes Brot zerrieben, angeröstet und mit Brühe oder Gemüsefond aufgefüllt. Bei Schwarzbrotsuppe sollte nicht zu viel Brot in die Suppe gemixt werden, sie wird dadurch leimig und sehr rustikal. Am liebsten verwende ich Sauerteigbrot und am besten nur die Rinde davon. Die Brotsuppe wird auch gern mit Speck, Sahne, Sauerrahm oder Parmesan verfeinert. «

– Bremen –

Pluckte Finken
(Bohnen-Speck-Eintopf)

Zutaten für 4 Personen

250 g getrocknete weiße Bohnen
4 Zwiebeln
2 EL Butter
400 g durchwachsener Räucherspeck (am Stück; oder gepökeltes Schweinefleisch)
400 g festkochende Kartoffeln
400 g Möhren
300 g Äpfel
ca. 2 EL Obstessig
Salz
weißer Pfeffer aus der Mühle

1 Die Bohnen über Nacht in reichlich Wasser einweichen. Am nächsten Tag die Bohnen in ein Sieb abgießen und abtropfen lassen.

2 Die Zwiebeln schälen und in feine Würfel schneiden. Die Butter in einem Topf erhitzen und die Zwiebeln darin bei schwacher bis mittlerer Hitze andünsten. Den Speck dazugeben und etwa rundum 10 Minuten anbraten. So viel Wasser hinzufügen, bis der Speck knapp 2 Fingerbreit bedeckt ist, und aufkochen lassen. Die Bohnen dazugeben und alles bei schwacher Hitze etwa 40 Minuten garen.

3 Inzwischen die Kartoffeln schälen und waschen. Die Möhren putzen und schälen. Die Kartoffeln und Möhren in Würfel schneiden. Die Äpfel vierteln, schälen, entkernen und in Stücke oder Spalten schneiden.

4 Den Speck aus dem Kochsud nehmen. Die Kartoffeln, die Möhren und die Äpfel hinzufügen und alles weitere 15 Minuten köcheln lassen. Den Eintopf mit dem Essig, wenig Salz und Pfeffer würzen. Den Speck in Scheiben oder mundgerechte Stücke schneiden und wieder dazugeben. Den Eintopf in tiefen Tellern anrichten und nach Belieben mit gehackter Petersilie bestreuen.

Jacqueline Amirfallah empfiehlt:

» Wenn Sie die Möhren lieber etwas knackiger mögen, geben Sie diese erst etwa 10 Minuten nach den Kartoffeln in den Kochsud. Die Äpfel können Sie auch zu Apfelmus kochen und separat zum Gericht reichen. «

– Nordrhein-Westfalen –

Schnibbelbohnen (Bohnen-Kartoffel-Eintopf)

Zutaten für 4 Personen

1 l Fleischbrühe
200 g durchwachsener Räucherspeck (am Stück)
500 g mehligkochende Kartoffeln
Salz
500 g grüne Bohnen
4 Zweige Bohnenkraut
4 geräucherte Mettwürstchen
2 Zwiebeln
1 EL Butterschmalz
Pfeffer aus der Mühle
Zucker
Essig

1 Die Brühe aufkochen, den Speck dazugeben und etwa 20 Minuten köcheln lassen.

2 Inzwischen die Kartoffeln schälen, waschen, in Würfel schneiden und in Salzwasser etwa 15 Minuten garen.

3 Die Bohnen waschen und die Enden abschneiden. Die Bohnen in kochendem Salzwasser etwa 1 Minute blanchieren. Kalt abschrecken und schräg in Streifen schneiden. Das Bohnenkraut waschen.

4 Die Mettwürstchen mit einer Gabel mehrmals einstechen und mit dem Bohnenkraut und den Bohnen zum Speck geben. Weitere 10 Minuten garen (mancherorts wird - für den süßlichen Geschmack - noch eine Birne mitgekocht).

5 Den Speck und die Mettwürstchen aus dem Bohnentopf nehmen. Die Würste warm halten, den Speck in kleine Würfel schneiden.

6 Die Zwiebeln schälen und in feine Würfel schneiden. Das Butterschmalz in einer Pfanne erhitzen und die Speckwürfel darin knusprig braten. Die Zwiebeln hinzufügen und andünsten.

7 Die Kartoffeln abgießen, grob stampfen und zu den Bohnen in den Topf geben. Die Speck-Zwiebel-Mischung unterrühren. Den Eintopf mit Salz, Pfeffer, Zucker und Essig süßsauer abschmecken und mit den Mettwürstchen servieren.

MASCHINELL GESCHNIBBELT

Ausgereifte Stangenbohnen und breite Bohnen sind relativ hart und haben zudem Fäden, die beim Essen stören können. Aus diesem Grund werden sie meist quer in Streifen geschnitten, sprich »geschnibbelt«. Daher hat dieser Herbsteintopf auch seinen Namen. Es gibt sogar spezielle Geräte, sogenannte »Schnibbelmaschinen«, welche die Bohnen in ihre ganz typische Form schneiden.

Jacqueline Amirfallah empfiehlt:

» Ganz besonders würzig wird dieses Gericht mit Bergbohnenkraut. Dies ist intensiver als das bekannte Bohnenkraut und darüber hinaus sogar winterhart. Man kann es also auch über die kalte Jahreszeit im eigenen Garten anbauen. «

– Hamburg –

Hamburger Aalsuppe
mit Backpflaumen

Zutaten für 4 Personen
200 g Backpflaumen (ohne Stein)
1 Schinkenknochen (geräuchert, ca. 1 kg)
2 Zweige Bohnenkraut
1 Stange Lauch
2 Möhren
200 g Knollensellerie
400 g frischer Aal (küchenfertig; ohne Haut)
1/8 l trockener Weißwein
1 Lorbeerblatt
Salz
Zucker
Essig
2 EL gehackte Petersilie (oder Dill)

1 Die Backpflaumen über Nacht in Wasser einweichen. Am nächsten Tag in ein Sieb abgießen und abtropfen lassen.

2 Den Schinkenknochen in einen großen Topf geben. So viel heißes Wasser dazugeben, bis der Knochen bedeckt ist, aufkochen und zugedeckt bei schwacher Hitze etwa 1 1/2 Stunden köcheln.

3 Das Bohnenkraut waschen und trocken schütteln. Den Lauch putzen, waschen und in Ringe schneiden. Die Möhren und den Sellerie putzen, schälen und in Würfel schneiden. Alles zum Schinkensud geben und bei schwacher bis mittlerer Hitze weitere 15 Minuten garen.

4 Den Knochen aus der Brühe nehmen. Das Fleisch vom Knochen lösen, in kleine Stücke schneiden und mit den Pflaumen wieder in den Sud geben. Alles bei schwacher Hitze weitere 15 Minuten kochen.

5 Inzwischen den Aal waschen, trocken tupfen und in 3 bis 4 cm lange Stücke schneiden. Den Wein mit etwas Wasser, dem Lorbeerblatt, etwas Salz und 1 Prise Zucker in einem Topf erhitzen und den Aal darin bei schwacher Hitze etwa 10 Minuten garen.

6 Den Aal mit dem Sud in die Schinkenbrühe geben. Mit Salz, Zucker und Essig abschmecken und aufkochen lassen. Die Aalsuppe in tiefen Tellern anrichten und die gehackten Kräuter darüberstreuen.

Vincent Klink empfiehlt:

» Aal ist bei den Leuten nicht beliebt, die ihn noch nie gut gegessen haben. Er sollte nicht zu dick und groß sein, denn dann ist er tatsächlich ein wenig fettig. Ein mittelgroßer Aal – wie hier empfohlen – gehört eigentlich unter die Kategorie ›Schätze der Menschheit‹. Das aber nur, wenn man von der Tradition abweicht und in der Aalsuppe nicht noch alle möglichen Reste verarbeitet. «

– Nordrhein-Westfalen –

Pfefferpotthast
(Rindereintopf mit Zwiebeln)

Zutaten für 4 Personen

500 g Zwiebeln
800 g Rindfleisch (aus Schulter oder Hals)
3 EL Butterschmalz
1 l Fleischbrühe
1 TL schwarze Pfefferkörner
2 Lorbeerblätter
2 Gewürznelken
Salz
ca. 2 EL Zitronensaft
Pfeffer aus der Mühle
2 EL gehackte Petersilie

1 Die Zwiebeln schälen und in feine Ringe schneiden. Das Fleisch in Würfel schneiden.

2 Das Butterschmalz in einem großen Topf erhitzen, die Zwiebeln darin bei mittlerer Hitze andünsten. Das Fleisch hinzufügen und sanft anbraten - es soll nur leicht Farbe annehmen.

3 Die Brühe angießen, die Pfefferkörner, Lorbeerblätter, Gewürznelken und Salz dazugeben. Den Pfefferpotthast zugedeckt bei schwacher Hitze 1 1/2 bis 2 Stunden schmoren.

4 Den Pfefferpotthast mit Zitronensaft, Salz und Pfeffer abschmecken, nach Belieben mit Paniermehl leicht binden. Auf tiefe Teller verteilen und mit der Petersilie bestreuen. Dazu schmecken Salzkartoffeln, Gewürzgurken und eingelegte Rote Bete.

Vincent Klink empfiehlt:

» Dieses Gericht sollte man mindestens einmal im Monat kochen. Dabei kann wirklich nichts schiefgehen. Es spritzt nichts, die Küche duftet, und wenn die Zutaten im Topf sind, hat man schon alle Arbeit getan. «

Fisch

Fisch – frisch auf den Tisch!

Neben Alaska-Seelachs und Thunfisch gibt es zahlreiche heimische Speisefische, die ihren ausländischen Verwandten geschmacklich das Wasser reichen können. Vom Bodenseefelchen im Südwesten bis zum Havelzander im Nordosten – regionale Fischspezialitäten gibt es vielerorts in Deutschland. Auch Saibling, Karpfen und Welse müssen keine langen Transportwege zurücklegen. Der beliebteste Süßwasserfisch ist aber immer noch die Forelle. Nur Seefische kommen häufiger auf den Teller, allen voran der Hering. An unseren Küsten finden sich auch Gourmethappen wie Steinbutt, Scholle und Seezunge. Fisch ist obendrein ein sehr gesundes Lebensmittel, denn er ist reich an Omega-3-Fettsäuren, Jod und Vitamin D.

1 Zander ist mager, aromatisch, sein weißes Fleisch hat nur wenige Gräten und ist als Filet sehr beliebt.
2 Nordseekrabben werden gleich nach dem Fang gekocht. So erhalten sie ihre Farbe und Krümmung.
3 Durch seinen hohen Fettgehalt eignet sich **Aal** gut zum Räuchern, er schmeckt aber auch frisch sehr fein.
4 Schollen sind bis zu 90 cm lange Plattfische. Im Handel werden sie daher meist portioniert angeboten.
5 Die **Forelle** ist ein beliebter Speisefisch mit magerem, festem Fleisch. Klassisch wird sie blau (gekocht) oder nach Müllerin-Art (gebraten) zubereitet.
6 Der junge **Kabeljau** wird bis zur Geschlechtsreife Dorsch genannt. Das Fleisch ist fest und mager.
7 Hering gibt es in vielen Variationen: frisch als grünen Hering, gesalzen als Matjes oder Salzhering, als Rollmops, Brathering oder als geräucherten Bückling.

Karpfen in Bierteig ausbacken

Mehl und Bier in je einen Teller geben. Die Fischfilets mit Salz würzen und im Mehl wenden. Durch das Bier ziehen und nochmals im Mehl wenden.

Die Fischfilets ein weiteres Mal durch das Bier ziehen und im Mehl wenden. In einer Pfanne Butterschmalz zum Ausbacken erhitzen.

Die vorbereiteten Fischfilets bei mittlerer Hitze rundum goldbraun ausbacken. Anschließend auf Küchenpapier gut abtropfen lassen.

Fisch filetieren

So wird im Ganzen gegarter Fisch in grätenfreie Filets zerlegt: Den fertig zubereiteten Fisch auf einen Teller legen und vorsichtig die Haut abziehen.

Das Filet auf der Oberseite vorsichtig von der Gräte abheben.

Die Gräte langsam herausnehmen und das untere Filet aus der Haut lösen.

»Forelle Müllerin« braten

Mehl auf einen Teller geben. Die küchenfertige Forelle gründlich waschen und trocken tupfen. Im Mehl wenden und überschüssiges Mehl abklopfen.

Reichlich Butter in einer Pfanne erhitzen, die Forelle hineingeben und auf einer Seite goldbraun braten.

Den Fisch wenden und die Unterseite ebenfalls goldbraun braten. Gelegentlich mit Bratfett beträufeln. Auf Küchenpapier abtropfen lassen und würzen.

– Niedersachsen –

Finkenwerder Scholle
mit Speck

Zutaten für 4 Personen
4 Schollen (à 300 g; küchenfertig, mit Haut)
Saft von 1 Zitrone
Salz
ca. 5 EL Mehl
100 g durchwachsener Räucherspeck (am Stück)
4 EL Öl
3 EL Butter

1 Die Schollen waschen und trocken tupfen. Die Fische auf der dunklen Hautseite entlang der Mittelgräte etwas einschneiden. Die Schollen mit dem Zitronensaft beträufeln und mit Salz würzen. Das Mehl auf einen Teller geben und die Schollen darin wenden, überschüssiges Mehl abklopfen.

2 Den Backofen auf 100 °C vorheizen. Den Speck in Würfel schneiden. Das Öl in einer Pfanne erhitzen und die Speckwürfel darin knusprig braten. Die Speckwürfel mit dem Schaumlöffel herausnehmen und auf Küchenpapier abtropfen lassen.

3 Die in Mehl gewendeten Schollen nacheinander im Speckfett bei mittlerer Hitze etwa 3 Minuten auf der eingeschnittenen Seite braten. Vorsichtig wenden und weitere 2 Minuten braten. Die Schollen im Ofen warm halten, bis alle Fische gebraten sind.

4 Die Butter in einer Pfanne zerlassen und die Speckwürfel darin erwärmen. Die Schollen mit der eingeschnittenen Seite nach oben auf Tellern anrichten. Die Speckbutter darübergeben, nach Belieben mit Zitronenspalten und etwas Petersilie garnieren.

FINKENWERDER ODER BÜSUMER?

Die Finkenwerder Scholle ist nach dem gleichnamigen Hamburger Stadtteil benannt. Oft wird dieses Gericht auch mit Krabben zubereitet – eine Art Luxusvariante, die so auch unter der Bezeichnung »Scholle Büsumer Art« verbreitet ist. Dafür braucht man zwar nicht unbedingt Krabben aus Büsum, der direkt an der Nordsee gelegene Ort ist aber sehr bekannt für diese fangfrische Spezialität.

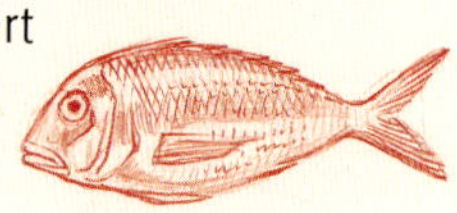

Jacqueline Amirfallah empfiehlt:

» Sehr gut schmecken zu diesem Gericht auch knusprig gebratene Weißbrot-Croûtons. Dafür in einer Pfanne etwas Butter erhitzen und kleine Weißbrotwürfel knusprig darin anbraten, dann die Speckwürfel dazugeben und erwärmen. «

– Mecklenburg-Vorpommern –

Spickhecht
mit Sahnesauce

Zutaten für 4 Personen

1 Hecht (ca. 1 1/2 kg; küchenfertig)
2 – 3 EL Zitronensaft
Salz
weißer Pfeffer aus der Mühle
6 EL Butter
3 – 4 festkochende Kartoffeln
120 g fetter Speck (am besten vom Metzger in sehr dünne Scheiben geschnitten)
2 kleine Stangen Lauch
2 Möhren
250 g Schmand
3 – 5 EL Weißwein

1 Den Hecht innen und außen gründlich waschen, trocken tupfen und innen und außen mit Zitronensaft beträufeln. Den Fisch mit Salz und Pfeffer würzen. Einen Bräter oder ein tiefes Blech mit etwa 2 EL Butter einfetten. Die Kartoffeln schälen, waschen und in die Bauchhöhle des Fischs geben - so erhält er eine bessere Standfestigkeit. Den Fisch mit dem Bauch nach unten in den Bräter legen und mit den Speckscheiben dicht belegen. Den Backofen auf 200 °C vorheizen.

2 Den Lauch putzen, waschen und schräg in Ringe schneiden. Die Möhren putzen, schälen und schräg in Scheiben schneiden. Das Gemüse um den Fisch im Bräter verteilen. Die restliche Butter zerlassen und über das Gemüse gießen, mit Salz und Pfeffer würzen.

3 Den Fisch im Ofen auf der mittlere Schiene 40 bis 50 Minuten garen. Zwischendurch mit der Butter aus dem Bräter übergießen. Den Schmand glatt rühren und 15 Minuten vor Ende der Garzeit über den Fisch geben.

4 Den Hecht auf einer vorgewärmten Platte anrichten und warm stellen. Das Gemüse mit der Sauce auf dem Herd nochmals aufkochen, mit dem Wein, Salz und Pfeffer abschmecken und nach Belieben leicht binden. Das Gemüse aus der Sauce nehmen und um den Fisch anrichten. Die restliche Sauce extra reichen. Dazu schmecken Salzkartoffeln.

Vincent Klink empfiehlt:

» Hecht essen, das ist angenehmste Meditation. Wer sich dem Hecht langsam essend widmet, die Gräten am oberen Rücken entlang gemächlich freilegt, der genießt eine der interessantesten Geschmacksvariationen, denn Hecht schmeckt nicht nach Fisch, sondern ganz einzigartig nach Hecht. «

– Hamburg –

Labskaus
mit Spiegelei

1. Platz

meinNachmittag

Zutaten für 4 Personen
600 g gepökelte Rinderbrust
(ersatzweise Corned Beef)
3 Zwiebeln
2 Lorbeerblätter
2 Gewürznelken
800 g mehligkochende Kartoffeln
Salz
4 große Gewürzgurken
Pfeffer aus der Mühle
4 Eier
1 TL Butter
100 g vorgegarte Rote Bete
4 Matjesfilets
4 Rollmöpse

1 Die Rinderbrust in einem Topf mit kaltem Wasser bedecken. Die Zwiebeln schälen, mit den Lorbeerblättern und den Gewürznelken zur Rinderbrust geben. Alles bei schwacher Hitze etwa 1 1/2 Stunden köcheln lassen.

2 Die Kartoffeln schälen, waschen, in Stücke schneiden und in wenig Salzwasser 15 bis 20 Minuten weich garen. Abgießen, ausdampfen lassen und mit dem Kartoffelstampfer grob zerdrücken.

3 Das Fleisch aus dem Sud nehmen, mit den Zwiebeln durch die grobe Scheibe des Fleischwolfs drehen oder in sehr kleine Würfel schneiden. Die Fleisch-Zwiebel-Mischung mit den Kartoffeln in einem Topf vermischen. So viel Kochsud hinzufügen, bis eine breiige Masse entsteht.

4 Die Gurken in feine Würfel schneiden und unter die Fleisch-Kartoffel-Masse rühren. Das Labskaus kurz erhitzen, mit Salz und Pfeffer abschmecken. Die Eier aufschlagen und in einer Pfanne in der heißen Butter zu Spiegeleiern braten. Die Rote Bete in Streifen schneiden. Das Labskaus mit Matjesfilets, Rollmöpsen, den Spiegeleiern und den Rote-Bete-Streifen auf Tellern anrichten.

Variante: Anstelle der Rinderbrust können Sie auch Corned Beef mit einer Gabel zerdrücken, die geschälten Zwiebeln in feine Würfel schneiden und beides in etwas Butter andünsten. Mit den gestampften Kartoffeln vermischen und etwas Fleischbrühe unterrühren.

Vincent Klink empfiehlt:

» Labskaus muss man mal probiert haben, um zu erkennen, dass dieses Gericht zwar aus der Not geboren wurde, korrekt gekocht jedoch weit entfernt von dem Mampf ist, der manchmal angeboten wird. Man achte auf die Garzeiten und auch darauf, diese Kulinar-Ikone des Nordens nicht aufzuwärmen. Dann verklebt alles, und wir haben den Aggregatzustand, der dieses gute und originelle Gericht in Verruf brachte. «

– Schleswig-Holstein –

Matjes Hausfrauenart
mit Äpfeln

Zutaten für 4 Personen
8 Matjesfilets
2 Gewürzgurken
2 säuerliche Äpfel
2 Zwiebeln
2 EL Weißweinessig
2 EL Öl
Salz · Pfeffer aus der Mühle
Zucker
250 g Naturjoghurt
200 g saure Sahne

1 Die Matjesfilets nach Belieben quer in fingerbreite Streifen schneiden. Die Gurken in feine Scheiben schneiden. Die Äpfel waschen, vierteln, entkernen und in dünne Spalten schneiden.

2 Die Zwiebeln schälen und in feine Ringe schneiden. Anstelle der Zwiebeln können Sie auch die milderen Frühlingszwiebeln verwenden und diese schräg in Ringe schneiden. Legen Sie für die Dekoration etwas Zwiebelgrün beiseite und bestreuen Sie später die angerichteten Matjes damit.

3 Den Essig mit dem Öl verrühren, mit Salz, Pfeffer und 1 Prise Zucker abschmecken. Die Matjesfilets, die Gurkenscheiben, die Apfelspalten und die Zwiebelringe mit der Marinade mischen. Etwa 1 Stunde im Kühlschrank ziehen lassen.

4 Den Joghurt mit der sauren Sahne verrühren, nach Belieben mit Salz und Pfeffer würzen.

5 Die marinierten Matjesfilets mit den Gurkenscheiben, Apfelspalten und Zwiebelringen auf Tellern anrichten und die Joghurtsauce darauf verteilen. Dazu passen Pell- oder Bratkartoffeln.

MATJES – DIE MEERJUNGFRAUEN

Wenn sich im Frühsommer die Heringe schon eine dicke Fettschicht angefuttert haben, aber noch nicht geschlechtsreif sind, ist der richtige Zeitpunkt, die Leibspeise der Norddeutschen an Land zu holen – es ist Matjessaison. Um Fadenwürmer (Nematoden) abzutöten, werden die enzymatisch gereiften, gesalzenen Heringe meist tiefgefroren. Die Qualität leidet dadurch nicht, und man kann sie noch über das ganze Jahr hinweg genießen. Trotz oder gerade wegen ihres hohen Fettgehalts sind Matjes sehr gesund: Sie liefern reichlich Omega-3-Fettsäuren sowie fettlösliche Vitamine.

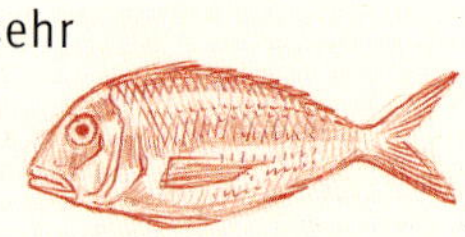

Jacqueline Amirfallah empfiehlt:

» Besonders gerne verwende ich rote Zwiebeln. Wer die Äpfel im Geschmack lieber etwas ›unverfälschter‹ möchte, sollte die Zwiebeln erst kurz vor dem Servieren dazugeben. Die marinierten Zutaten kann man auch direkt mit Joghurt und saurer Sahne mischen. «

– Hamburg –

Hamburger Pannfisch
mit Senfsauce

Zutaten für 4 Personen

Für die Senfsauce:

1 kleine Zwiebel
2 EL Butter
2 EL Mehl
1/4 l Milch
200 ml Gemüsebrühe (oder Fischfond)
2 EL Senf
Salz
weißer Pfeffer aus der Mühle
Zucker

Für den Pannfisch:

750 g Fischfilet (z.B. Kabeljau oder Rotbarsch; ohne Haut)
2 – 3 EL Zitronensaft
ca. 5 EL Mehl
Salz
weißer Pfeffer aus der Mühle
3 EL Butterschmalz

1 Für die Senfsauce die Zwiebel schälen und in feine Würfel schneiden. Die Butter in einem Topf erhitzen und die Zwiebelwürfel darin andünsten. Das Mehl zu den Zwiebelwürfeln geben und kurz anschwitzen. Die Milch nach und nach unterrühren. Die Brühe angießen. Die Sauce bei schwacher Hitze unter Rühren etwa 3 Minuten köcheln lassen. Den Senf unterrühren und die Sauce mit Salz, Pfeffer und Zucker abschmecken und warm halten.

2 Für den Pannfisch die Fischfilets waschen und mit Küchenpapier trocken tupfen, eventuell noch vorhandene Gräten mit einer Pinzette entfernen. Die Filets in etwa 5 cm große Stücke schneiden und mit dem Zitronensaft beträufeln.

3 Das Mehl mit Salz und Pfeffer auf einem flachen Teller mischen. Die Fischstücke darin wenden und das überschüssige Mehl abklopfen. Das Butterschmalz in einer großen beschichteten Pfanne erhitzen und die Fischstücke darin bei starker Hitze von jeder Seite etwa 4 Minuten goldbraun braten.

4 Den Pannfisch mit der Senfsauce servieren. Nach Belieben mit einigen Dillspitzen und Zitronenspalten garnieren. Dazu passen Bratkartoffeln (siehe S. 56), grüner Salat oder Gurkensalat.

RESTE AUS DER PFANNE

Ursprünglich war Pannfisch ein Resteessen, bei dem Kartoffel- und Fischreste in einer Pfanne – plattdeutsch »Pann« – angebraten wurden. Und wie bei vielen Gerichten, die aus der Zweckdienlichkeit heraus entstanden sind, gibt es auch für Pannfisch ganz verschiedene Zubereitungsarten, je nach Vorliebe des Resteverwerters. Das Traditionsgericht ist mittlerweile aber so beliebt, dass es in der Regel nicht mehr aus Resten, sondern aus frischen und hochwertigen Fischfilets hergestellt wird.

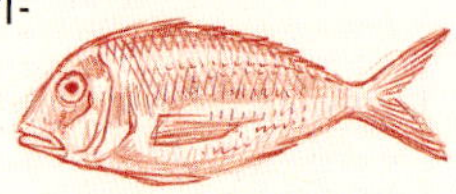

Karlheinz Hauser empfiehlt:

» Verwenden Sie für die Zubereitung der Sauce stets einen milden Senf, am besten von einem regionalen Hersteller. Ein scharfer französischer Dijon-Senf z.B. würde zu diesem traditionellen norddeutschen Gericht nicht passen! «

– Hamburg –

Hering
mit Bratkartoffeln

Zutaten für 4 Personen
8 grüne Heringe (küchenfertig)
4 EL Zitronensaft
800 g festkochende Kartoffeln (am besten am Vortag gegart)
1 kleine Zwiebel
5 EL Butterschmalz
Salz · Pfeffer aus der Mühle
ca. 5 EL Mehl
3 EL Öl
2 EL gehackte Petersilie

1 Die Heringe innen und außen gründlich waschen, trocken tupfen und mit dem Zitronensaft beträufeln. Die Heringe zugedeckt kühl stellen.

2 Inzwischen die gegarten Kartoffeln pellen und in Scheiben schneiden. Die Zwiebel schälen, halbieren und in feine Streifen schneiden.

3 Das Butterschmalz in einer großen Pfanne erhitzen. Die Kartoffelscheiben dazugeben und bei mittlerer bis starker Hitze auf einer Seite goldbraun braten. Mit Salz und Pfeffer würzen. Die Kartoffeln wenden und auf der anderen Seite anbraten. Kurz bevor sie die gewünschte Farbe erreicht haben, die Zwiebeln dazugeben und bei schwacher Hitze mitbraten. Mit Salz und Pfeffer abschmecken.

4 Die Heringe trocken tupfen, innen und außen mit Salz und Pfeffer würzen und in Mehl wenden. Überschüssiges Mehl abklopfen. In einer zweiten Pfanne das Öl erhitzen und die Heringe darin bei mittlerer Hitze 5 bis 8 Minuten knusprig braten, dabei einmal vorsichtig wenden. Gegebenenfalls die Heringe portionsweise braten und im Ofen bei 100 °C warm halten, bis alle Fische gebraten sind.

5 Die Heringe mit den Bratkartoffeln anrichten und mit der Petersilie bestreuen. Nach Belieben mit Zitronenspalten garnieren.

Karlheinz Hauser empfiehlt:

» Braten Sie die Heringe noch in etwas Butter nach, bevor Sie sie aus der Pfanne nehmen. So bekommen die Fische einen feineren Geschmack. Für ein würziges Aroma können Sie auch noch einen Thymianzweig mit in die Pfanne geben. «

– Bayern –

Karpfen im Bierteig

Zutaten für 4 Personen
800 g Karpfenfilet (ohne Haut)
Salz
weißer Pfeffer aus der Mühle
80 g Mehl
80 g Speisestärke
1/4 l Bier
100 g Butterschmalz
5 EL Öl
1 unbehandelte Zitrone

1 Das Karpfenfilet waschen, mit Küchenpapier trocken tupfen und in 4 Stücke schneiden. Die Fischfilets mit Salz und Pfeffer würzen.

2 Das Mehl und die Speisestärke in einem tiefen Teller mischen. Das Bier in einen zweiten tiefen Teller geben. Die Karpfenstücke erst in der Mehlmischung, dann im Bier und nochmals in der Mehlmischung wenden. Anschließend erneut durch das Bier ziehen und zum Abschluss in der Mehlmischung wenden (siehe S. 47)

3 Das Butterschmalz und das Öl in einer tiefen Pfanne erhitzen. Die panierten Karpfenstücke darin bei mittlerer Hitze auf beiden Seiten goldbraun braten. Die Karpfenstücke herausnehmen und auf Küchenpapier abtropfen lassen.

4 Die Zitrone heiß waschen, trocken reiben und in Spalten schneiden. Die Fischstücke auf einer vorgewärmten Platte anrichten und mit den Zitronenspalten garnieren. Dazu nach Belieben einen Kartoffelsalat (siehe z.B. S. 61 oder 71) oder einen grünen Salat servieren.

Otto Koch empfiehlt:

» Da der Karpfen ein Fisch mit sehr vielen feinen Gräten ist, bietet es sich an, gleich einen großen Karpfen zu kaufen und dafür die Gräten großzügig rechts und links herauszuschneiden. «

– Baden-Württemberg –

Schwarzwaldforelle blau
mit Bouillonkartoffeln und Sauce hollandaise

Zutaten für 4 Personen
Für die Forellen und die Bouillonkartoffeln:
4 Forellen (z.B. Schwarzwaldforelle; küchenfertig)
2 Zweige Thymian
2 Stiele Petersilie
1 kleine Stange Lauch
3 Möhren
50 g Knollensellerie
1 Zwiebel
Salz · 3 Gewürznelken
2 Lorbeerblätter
3 EL Weißweinessig
800 g vorwiegend festkochende Kartoffeln
1/2 l Gemüsebrühe
2 EL Butter
2 EL Schnittlauchröllchen

Für die Sauce hollandaise:
250 g Butter · 2 Eigelb
100 ml Weißwein
1 Spritzer Zitronensaft
Salz · weißer Pfeffer aus der Mühle

1 Die Forellen innen waschen und trocken tupfen. Die äußere Schleimschicht nicht abwaschen, sie gibt dem Fisch beim Garen den blauen Schimmer. Den Thymian und die Petersilie waschen und trocken schütteln. Den Lauch putzen, waschen und in Ringe schneiden. Die Möhren und den Sellerie putzen, schälen und in kleine Würfel schneiden. Die Zwiebel schälen und in feine Würfel schneiden.

2 In einem großen Topf etwa 4 l Salzwasser aufkochen. Die Thymianzweige, die Petersilienstiele, den Lauch, die Hälfte der Möhren und des Selleries mit den Zwiebeln, den Gewürznelken, den Lorbeerblättern und dem Essig hinzufügen. Den Sud 8 bis 10 Minuten köcheln lassen.

3 Inzwischen für die Bouillonkartoffeln die Kartoffeln schälen, waschen und in etwa 1 cm große Würfel schneiden. Die Brühe erhitzen, die Kartoffelwürfel und die restlichen Möhren- und Selleriewürfel dazugeben und 12 bis 15 Minuten garen. Die Butter und die Schnittlauchröllchen unter die Bouillonkartoffeln rühren.

4 Die Forellen in den Sud geben und 12 bis 15 Minuten ziehen lassen, aber nicht kochen!

5 Für die Sauce hollandaise die Butter in einem Topf bei schwacher Hitze langsam zerlassen und vom Herd ziehen. Die Eigelbe mit dem Wein in einer Metallschüssel gut verrühren. Dann im heißen Wasserbad mit dem Schneebesen schaumig schlagen. Vorsicht: Das Wasserbad darf nicht zu heiß werden, damit das Eigelb nicht gerinnt.

6 Die Schüssel vom Wasserbad nehmen. Die zerlassene Butter zuerst tröpfchenweise, dann in dünnem Strahl unter ständigem Rühren einlaufen lassen, bis eine sämige Sauce entsteht. Mit Zitronensaft, Salz und Pfeffer abschmecken.

7 Die Forellen aus dem Sud nehmen und mit den Bouillonkartoffeln und der Sauce hollandaise anrichten. Nach Belieben mit Schnittlauchröllchen bestreuen.

EIN BLAUES WUNDER

Das Gericht »Forelle blau« trägt seinen Namen aufgrund der intensiven blauen Färbung, die die Haut der Forelle durch Kochen in Essigsud annimmt. Das funktioniert jedoch nur, wenn der Fisch sehr frisch und seine Schleimschicht unverletzt ist. Nur Forellen aus dem Schwarzwald dürfen das geschützte Warenzeichen »Schwarzwaldforelle« tragen.

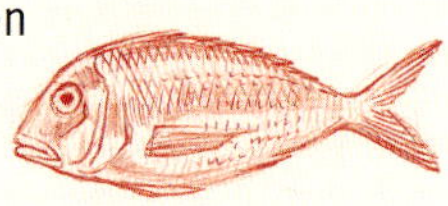

Jörg Sackmann empfiehlt:

» Eine frische Forelle sollte man immer nur kalt oder lauwarm aufsetzen, denn sie steht unter Spannung und platzt in kochendem Sud leicht auf. Die Forelle daher nur bis kurz vor den Siedepunkt bringen und dann fertig garen. «

– Sachsen-Anhalt –

Harzer Bachforelle
mit Tomatengemüse

Zutaten für 4 Personen

8 Forellenfilets (z.B. Harzer Bachforelle; à ca. 80 g)
2 EL Zitronensaft
5 Tomaten
1 Bund Schnittlauch
Salz · Pfeffer aus der Mühle
ca. 5 EL Mehl
2 – 3 EL Butterschmalz
2 EL Butter
Zucker

1 Die Forellenfilets waschen, trocken tupfen und mit dem Zitronensaft beträufeln. Die Forellenfilets kurz ziehen lassen.

2 Inzwischen die Tomaten kreuzweise einritzen, überbrühen und kalt abschrecken. Die Tomaten häuten, vierteln und entkernen, dabei die Stielansätze entfernen. Das Fruchtfleisch in Würfel schneiden. Den Schnittlauch waschen, trocken schütteln und in Röllchen schneiden.

3 Die Forellenfilets trocken tupfen und mit Salz und Pfeffer würzen. Das Mehl in einen tiefen Teller geben und die Filets darin wenden. Das Butterschmalz in einer großen Pfanne erhitzen. Die Forellenfilets darin auf beiden Seiten goldbraun braten, aus der Pfanne nehmen, nach Belieben auf Küchenpapier abtropfen lassen und warm halten.

4 Die Pfanne mit Küchenpapier austupfen. Die Butter in der Pfanne erhitzen und die Tomatenwürfel darin kurz andünsten. Mit Salz, Pfeffer und 1 Prise Zucker würzen. Die Hälfte der Schnittlauchröllchen unterrühren. Die Forellenfilets mit den Tomatenwürfeln anrichten und mit dem restlichen Schnittlauch bestreuen. Dazu passen Petersilienkartoffeln.

Michael Kempf empfiehlt:

» Alternativ zur Forelle würde ich Saibling verwenden. Das ist mein Lieblings-Süßwasserfisch, er hat einen sensationellen Eigengeschmack. Die Fischfilets kann man übrigens auch mit etwas Nussbutter (gebräunte Butter) und gerösteten Mandelblättchen in einem tiefen Blech im Backofen bei 65 °C garen. So bleiben Eigengeschmack und Inhaltsstoffe sehr gut erhalten, und der Fisch bekommt eine schöne Konsistenz. «

– Schleswig-Holstein –

Maischolle
mit Speck-Kartoffel-Salat

Zutaten für 4 Personen

Für den Kartoffelsalat:
800 g festkochende Kartoffeln
Salz · 1 Zwiebel
100 g durchwachsener Räucherspeck (am Stück)
3 Gewürzgurken
2 EL Öl · 150 ml Fleischbrühe
150 ml Gewürzgurkensud
3 EL Essig · Zucker
1 EL gehackte Petersilie
1 EL Schnittlauchröllchen
Pfeffer aus der Mühle

Für die Maischollen:
4 Maischollen (küchenfertig)
ca. 2 EL Zitronensaft
Salz · Pfeffer aus der Mühle
ca. 5 EL Mehl
3 EL Öl · 2 EL Butter

1 Für den Kartoffelsalat die Kartoffeln waschen und mit der Schale in Salzwasser etwa 25 Minuten kochen. Die Kartoffeln abgießen, ausdampfen lassen, möglichst heiß pellen und in Scheiben schneiden. Die Zwiebel schälen und in feine Würfel schneiden. Den Speck und die Gurken in kleine Würfel schneiden.

2 In einer Pfanne 1 EL Öl erhitzen und die Speckwürfel darin knusprig braten. Die Zwiebeln hinzufügen und andünsten. Die Speck-Zwiebel-Mischung mit den Gurkenwürfeln unter die Kartoffeln mischen.

3 Die Brühe mit dem Gurkensud, dem Essig, dem restlichen Öl und 1 Prise Zucker in einem Topf aufkochen. Die heiße Marinade nach und nach über die Kartoffeln gießen und unterrühren, bis der Salat schön sämig ist. Die Petersilie und die Schnittlauchröllchen untermischen und den Salat mit Salz und Pfeffer abschmecken.

4 Die Maischollen waschen, trocken tupfen, mit dem Zitronensaft beträufeln und kurz ziehen lassen. Trocken tupfen, mit Salz und Pfeffer würzen und in Mehl wenden. Überschüssiges Mehl abklopfen.

5 Das Öl in einer großen Pfanne erhitzen und die Maischollen nacheinander auf einer Seite goldbraun braten. Die Butter hinzufügen, die Schollen wenden und auf der anderen Seite goldbraun braten. Mit dem Kartoffelsalat auf Tellern anrichten.

Jörg Sackmann empfiehlt:

» Schollen, die im Frühjahr gefangen werden, sind besonders zart und schmackhaft. Grundsätzlich kann man einen Teil der Haut auch mitessen, wobei die dunkle Seite die dickere Haut hat und nach dem Krossbraten entfernt werden sollte. Die dünnere weiße Seite wird goldbraun gebraten und die Scholle mit dieser Seite nach oben serviert. «

Schwein & Lamm

Das Beste von Schwein & Lamm

Generell sind beim Verzehr von Fleisch zwei Punkte zu beachten: die Qualität und die Häufigkeit. Und die Devise ist einfach: hohe Qualität, dafür seltener. Ein guter Anhaltspunkt für die Qualität ist das Biosiegel. Noch besser ist natürlich, man weiß Genaueres über die Art und Herkunft des Tieres. Von Natur aus robuste und gesunde Schweinerassen sind z.B. das Angler Sattelschwein, das Schwäbisch-Hällische oder das Bunte Bentheimer Schwein. Ein Leckerbissen ist auch das Fleisch vom Havelländer Apfelschwein. Bei Schafen bzw. Lämmern lohnt es sich ebenfalls, auf Regionalität zu achten. Die Heimat von Salzwiesenlämmern und Heidschnucken (siehe S. 82) kann man ihrem Fleisch regelrecht »anschmecken«.

1 Ein Stück **Schweineschulter** ist ideal für saftige Braten und zartes Gulasch. Schulter hat grobe Fasern und sollte daher immer lange braten oder schmoren.
2 Das **Bauchfleisch**, auch Wammerl oder Bauchspeck, dient häufig als Einlage für Suppen und Eintöpfe.
3 Aus dem **Rücken** werden die Koteletts geschnitten. Aber auch am Stück, gepökelt und gekocht, sind sie z.B. als Rippchen mit Kraut ein echter Klassiker.
4 Auch **Eisbein** bzw. **Haxe** wird meist gepökelt und gekocht, man kann es aber ebenso knusprig grillen.
5 **Lammrücken** sollte nach dem Anbraten im Ofen ziehen. Die Koteletts heißen auch Chops; kurz angebraten oder gegrillt, schmecken sie am besten.
6 Die **Keule** ist eines der größten Stücke vom Lamm und vielseitig verwertbar. Im Ganzen oder in Stücken eignet sie sich zum Schmoren, Grillen oder als Braten.

Schweinebraten zubereiten

Den Schweinebraten nach Rezept vorgaren. Die Schwarte rautenförmig oder in Abständen von 1 cm bis an den Rand einschneiden.

Den Braten mit der Schwartenseite nach oben auf das Gemüse im Bräter legen. Im Ofen auf der mittleren Schiene bei 180 °C weitere 1 1/2 Stunden garen.

Den Schweinebraten gelegentlich mit Bier bestreichen oder begießen. Aus dem Ofen nehmen und in Scheiben schneiden.

Leberknödel zubereiten

Aus Weißbrot, Leber, Dörrfleisch, Zwiebeln und Eiern eine Knödelmasse herstellen. Mit Petersilie, Muskatnuss, Majoran, Salz und Pfeffer würzen.

Die Knödelmasse kühl stellen. In einem Topf ca. 1 1/2 l Fleischbrühe aufkochen. Mit angefeuchteten Händen aus der Fleischmasse Knödel formen.

Die Knödel in der Brühe etwa 8 Minuten gar ziehen lassen. Nach Belieben mit der Brühe servieren oder herausnehmen und auf Sauerkraut anrichten.

Lammkeule vorbereiten und braten

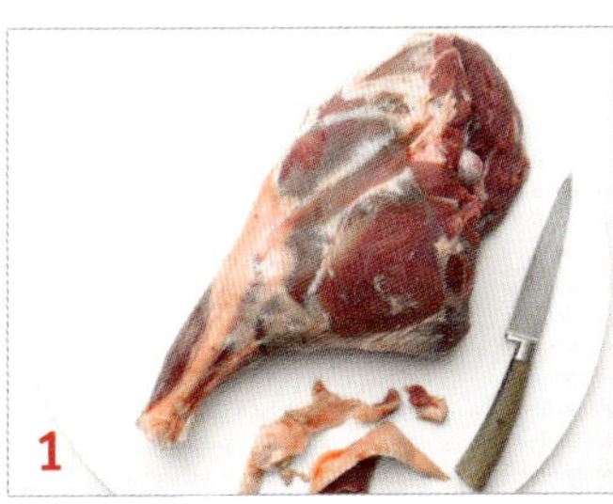

Von der Lammkeule die Sehnen und große Fettstellen mit einem scharfen Messer entfernen.

Den Ofen auf 160 °C vorheizen. Die Keule mit Salz würzen. Öl in einem großen Bräter erhitzen und die Keule darin rundum braun anbraten.

Nach Belieben Kräuter und Gewürze dazugeben (z.B. Knoblauch, Rosmarin, Thymian) und die Keule im Ofen je nach Größe 1 bis 2 Stunden garen.

– Bayern –

Schweinebraten
mit Kartoffelknödeln und Biersauce

1. Platz WIR IN BAYERN

Zutaten für 6–8 Personen

Für den Schweinebraten:

1 Möhre
100 g Knollensellerie
1 kleine Stange Lauch
4 Stiele Petersilie
1 Zweig Rosmarin
1 1/2 kg Schweinebraten (mit Schwarte)
Salz · Pfeffer aus der Mühle
1/2 TL gemahlener Kümmel
1/2 l dunkles Bier (z.B. dunkles Hefeweizen)
Zucker

Für die Knödel:

1 kg mehligkochende Kartoffeln
Salz
2 Scheiben Weißbrot
1 EL Butterschmalz
1 Ei
100 g Mehl
frisch geriebene Muskatnuss

1 Für den Schweinebraten den Backofen auf 220 °C vorheizen. Die Möhre, den Sellerie und den Lauch putzen und waschen bzw. schälen und in Stücke schneiden. Die Petersilie und den Rosmarinzweig waschen und trocken schütteln.

2 Den Schweinebraten mit Salz, Pfeffer und dem Kümmel würzen und mit der Schwartenseite nach unten in einen Bräter legen. Das Gemüse, die Petersilienstiele und 1/2 l Wasser dazugeben. Den Braten im Ofen auf der mittleren Schiene 30 Minuten garen.

3 Den Schweinebraten aus dem Bräter nehmen und die Schwarte mit einem scharfen Messer rautenförmig einschneiden. Mit der Schwartenseite nach oben zurück auf das Gemüse legen, den Rosmarinzweig dazugeben und die Temperatur auf 180 °C reduzieren. Den Schweinebraten weitere 1 1/2 Stunden garen. Während der Garzeit nach und nach das Bier über den Braten gießen.

4 Für die Knödel die Kartoffeln schälen, waschen und in Salzwasser 15 bis 20 Minuten weich garen. In der Zwischenzeit die Weißbrotscheiben entrinden und in etwa 1 cm große Würfel schneiden. Das Butterschmalz in einer Pfanne erhitzen, die Brotwürfel darin anbraten und leicht mit Salz würzen.

5 Die Kartoffeln abgießen, ausdampfen lassen und durch die Kartoffelpresse in eine Schüssel drücken. Das Ei, das Mehl, Salz und 1 Prise Muskatnuss unter die warme Kartoffelmasse rühren. Den Teig zu Knödeln formen, dabei jeden mit etwa 3 gerösteten Weißbrotwürfeln füllen.

6 In einem Topf reichlich Salzwasser aufkochen. Die Knödel etwa 10 Minuten vor Ende der Garzeit des Schweinebratens vorsichtig in das Wasser geben und bei schwacher Hitze langsam gar ziehen lassen.

7 Den Braten in Alufolie wickeln und kurz ruhen lassen. Für eine Bratensauce das Gemüse mit dem Fond durch ein Sieb passieren, dabei das Gemüse gut ausdrücken. Die Sauce nach Belieben mit kalten Butterstücken leicht sämig binden und mit Salz, Pfeffer und Zucker würzen. Den Schweinebraten in Scheiben schneiden, mit den Knödeln und der Sauce anrichten.

IN BAYERN DAHOAM

Schweinebraten fehlt in bayerischen Gaststätten auf keiner Speisekarte. Das regionale Erkennungsmerkmal ist die kräftige Dunkelbiersauce, die dazu gereicht wird. Um die richtige Konsistenz für so eine Sauce zu erhalten, muss man beim Braten rechtzeitig dunkles Bier nachgießen, aber nicht zu viel auf einmal, sonst wird die Sauce suppig und hat keine Farbe!

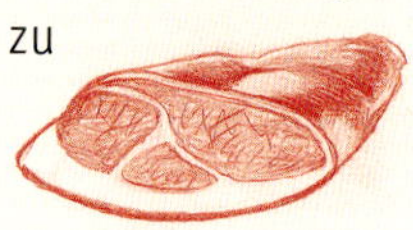

Otto Koch empfiehlt:

» Anstatt der gewöhnlichen Semmel- oder Kartoffelknödel schmecken mir zu diesem Gericht auch sehr gut Semmelknödel aus Graubrot. Sie haben einen kräftigen, intensiven Geschmack und passen somit ausgezeichnet zu Schweinebraten. «

– Rheinland-Pfalz –

Pfälzer Saumagen
mit Fleisch-Kartoffel-Füllung

Zutaten für 8–10 Personen

600 g Kartoffeln
150 g Möhren
Salz
1 Zwiebel
1 EL Öl
1 kg Schweinefleisch
(aus Nacken und Schulter)
300 g Bratwurstbrät
2 EL gehackte Petersilie
frisch geriebene Muskatnuss
1 TL getrockneter Majoran
1/2 TL gemahlener Koriander
1/2 TL getrockneter Thymian
Pfeffer aus der Mühle
1 mittelgroßer Saumagen (beim Metzger vorbestellen und reinigen lassen)

1 Die Kartoffeln schälen und waschen, die Möhren putzen und schälen. Beides in knapp 1 cm große Würfel schneiden und in kochendem Salzwasser etwa 3 Minuten blanchieren. Die Kartoffeln und die Möhren in ein Sieb abgießen, kalt abschrecken und abtropfen lassen. Die Zwiebel schälen und in feine Würfel schneiden. Das Öl in einer Pfanne erhitzen und die Zwiebel darin bei schwacher Hitze andünsten.

2 Das Fleisch in Würfel schneiden und mit den Kartoffeln, den Möhren, der Zwiebel, dem Brät und der Petersilie mischen. Mit 2 Prisen Muskatnuss, dem Majoran, Koriander, Thymian, etwa 2 TL Salz und etwas Pfeffer kräftig würzen. Alles gründlich mischen.

3 Den Saumagen unter fließendem Wasser gründlich waschen und trocken tupfen. Zwei Ausgänge mit Küchengarn fest zubinden. Die Fleisch-Kartoffel-Mischung durch die dritte Öffnung in den Magen füllen - den Magen dabei nicht zu prall füllen, damit er beim Garen nicht platzt. Die Öffnung gut zubinden.

4 Reichlich Salzwasser zum Kochen bringen und die Hitze reduzieren. Den Saumagen in heißem Wasser bei schwacher Hitze 2 bis 3 Stunden gar ziehen lassen - nicht kochen! Den Saumagen aus dem Sud nehmen, abtropfen lassen, in Scheiben schneiden und servieren. Dazu schmecken Sauerkraut (siehe S. 22) und Kartoffelpüree (siehe S. 121).

Vincent Klink empfiehlt:

» Dieses Rezept erfordert etwas Vorbereitung, ist jedoch ein absolutes Kulturgut. Leider wird Saumagen von vielen nur noch als eine Art Wurstsorte wahrgenommen. In jedem Fall lohnt es sich, für einen selbst gemachten Saumagen die besten Zutaten zu kaufen. «

– Rheinland-Pfalz –

Leberknödel
auf pfälzische Art

Zutaten für 4 Personen
2 Brötchen (vom Vortag)
500 g Schweineleber
200 g durchwachsenes Dörrfleisch (am Stück; oder durchwachsener Räucherspeck)
1 Zwiebel
1 EL Öl · 3 Eier
1 EL gehackte Petersilie
frisch geriebene Muskatnuss
getrockneter Majoran
Salz · Pfeffer aus der Mühle
ca. 1 1/2 l Fleischbrühe

1 Die Brötchen in Wasser einweichen. Die Leber putzen, waschen und trocken tupfen. Die Brötchen gut ausdrücken und mit der Leber und der Hälfte des Dörrfleischs durch den Fleischwolf drehen.

2 Die Zwiebel schälen und in feine Würfel schneiden. Das restliche Dörrfleisch in kleine Würfel schneiden. Das Öl in einer Pfanne erhitzen und die Zwiebel mit dem Dörrfleisch darin anbraten.

3 Die Eier, die Petersilie und die Zwiebel- und Dörrfleischwürfel unter die Fleischmasse mischen. Mit 1 Prise Muskatnuss, etwas Majoran, Salz und Pfeffer kräftig würzen und kurz kühl stellen.

4 Aus der Fleischmasse mit angefeuchteten Händen Knödel (5 bis 7 cm Durchmesser) formen. Die Brühe aufkochen und die Knödel darin etwa 8 Minuten gar ziehen lassen. Die Knödel auf Sauerkraut (siehe S. 22) anrichten. Nach Belieben braune Sauce, Röstzwiebeln und Kartoffelpüree (siehe S. 121) dazu servieren.

Jörg Sackmann empfiehlt:

» Ich selbst bereite Leberknödel am liebsten mit Kalbs- oder Rinderleber zu. Die Knödelmasse lässt sich durch Apfelwürfel und Lauchringe verfeinern. Meine Mutter hat die Leberknödel nach einem schlesischen Rezept serviert: in Stücke geschnitten, mit gestocktem Ei, Kräutern und Zwiebeln angerichtet, ein ganz leckeres Gericht! «

– Saarland –

Schwenkbraten
in Zwiebelmarinade

Zutaten für 4 Personen

Für die Marinade:

3 Zwiebeln
2 Knoblauchzehen
1 EL bunte Pfefferkörner
(oder 3 Wacholderbeeren)
1 EL Senf
1 TL getrockneter Thymian
1 TL getrockneter Oregano
3 – 4 EL Öl

Außerdem:

4 dicke Schweinenackensteaks
(à ca. 250 g)
Öl für den Grillrost
Salz

1 Für die Marinade die Zwiebeln und den Knoblauch schälen, die Zwiebeln in feine Ringe, den Knoblauch in feine Würfel schneiden. Die Pfefferkörner andrücken. Die Zwiebeln, den Knoblauch und die Pfefferkörner mit dem Senf, dem Thymian, dem Oregano und dem Öl vermischen.

2 Die Fettschicht der Steaks mit einem scharfen Messer regelmäßig einschneiden, damit sie sich beim Grillen nicht wölben. Die Steaks in der Marinade zugedeckt mindestens 4 Stunden, am besten über Nacht, im Kühlschrank ziehen lassen.

3 Etwa 1 Stunde vor dem Grillen die marinierten Steaks aus dem Kühlschrank nehmen, damit sie Zimmertemperatur erreichen. Den Grillrost einfetten und den Schwenkgrill vorheizen.

4 Die Steaks aus der Marinade nehmen und mit Salz würzen. Auf dem heißen Schwenkgrill auf jeder Seite 10 bis 15 Minuten grillen. Alternativ in einer Grillpfanne braten. Nach Belieben das Fleisch während dem Grillen mit etwas Bier begießen. Dazu passen Kartoffelsalat (siehe z.B. S.21 oder 71), Blatt- oder Rohkostsalat.

Jörg Sackmann empfiehlt:

» Für Schwenkbraten eignet sich besonders gut marmoriertes und abgehangenes Fleisch. Die Fleischscheiben sollten mindestens 3 cm dick sein. In die Marinade passt auch gut etwas Honig. Durch Marinieren mit Honig und Öl bekommt das Fleisch eine noch schönere Farbe und Kruste. «

– Baden-Württemberg –

Badisches Schäufele
mit Kartoffelsalat

Zutaten für 6 – 8 Personen

Für das Schäufele:

1 Zwiebel
1 Lorbeerblatt
2 Gewürznelken
1/2 l Weißwein
5 schwarze Pfefferkörner
ca. 1 1/2 kg gepökelte und leicht geräucherte Schweineschulter (mit Knochen)

Für den Kartoffelsalat:

800 g festkochende Kartoffeln
Salz
3 TL Senf
3 EL Öl
3 EL Weißweinessig
Pfeffer aus der Mühle
1 Bund Schnittlauch

1 Für das Schäufele die Zwiebel schälen. Das Lorbeerblatt mit den Nelken darauf feststecken. Etwa 1 l Wasser mit dem Wein, der gespickten Zwiebel und den Pfefferkörnern in einem großen Topf aufkochen. Das Fleisch kalt abbrausen, abtropfen lassen und in den Kochsud geben. Das Fleisch sollte mit dem Sud bedeckt sein, eventuell noch etwas heißes Wasser hinzufügen. Den Sud einmal aufkochen und das Schäufele zugedeckt bei schwacher Hitze etwa 2 Stunden gar ziehen lassen, aber nicht kochen! Das Fleisch ist gar, wenn es sich merklich vom Knochen löst.

2 Für den Salat die Kartoffeln waschen und mit der Schale in Salzwasser garen. In der Zwischenzeit den Senf, das Öl, den Essig und etwa 1/4 l vom Fleischkochsud verrühren. Mit Salz und Pfeffer würzen. Den Schnittlauch waschen, trocken schütteln und in Röllchen schneiden.

3 Die Kartoffeln abgießen, ausdampfen lassen, möglichst heiß pellen und in Scheiben schneiden. Die Marinade darübergießen und den Schnittlauch untermischen. Eventuell noch etwas Kochsud hinzufügen – der Salat sollte saftig sein. Den Salat 20 Minuten durchziehen lassen, anschließend nochmals nachwürzen.

4 Das Schäufele aus dem Kochsud nehmen, das Fleisch vom Knochen lösen und in Scheiben schneiden. Mit dem Kartoffelsalat anrichten.

Karlheinz Hauser empfiehlt:

» Garen Sie das Schäufele bei Niedertemperatur, so haben Sie am wenigsten Gewichtsverlust. Der Kochsud sollte dafür nicht über 70 °C erhitzt werden, das lässt sich am besten mit einem Küchenthermometer kontrollieren. Auf diese Weise 6 Stunden gegart, wird das Schäufele besonders zart und aromatisch! «

– Hessen –

Schweinepfeffer
(Geschmortes mit Gewürzen)

Zutaten für 4 Personen
2 Zweige Thymian
1 Zweig Rosmarin
1 frische Blutwurst
1/4 l Rotwein
5 EL Rotweinessig
2 cl Kirschwasser
1 Zwiebel
2 Knoblauchzehen
1 Möhre
1 Gewürznelke
1 Lorbeerblatt
8 schwarze Pfefferkörner
800 g Schweineschulter
(ohne Knochen und Schwarte)
3 Schalotten
1 EL Butter
3 EL Butterschmalz
2 EL Tomatenmark
1 TL Mehl
Salz · Pfeffer aus der Mühle

1 Für die Marinade 2 Tage vorher die Thymian- und Rosmarinzweige waschen und trocken schütteln. Die Blutwurst häuten, zerdrücken und mit dem Wein, Essig und Kirschwasser verrühren.

2 Die Zwiebel und 1 Knoblauchzehe schälen und in feine Würfel schneiden. Die Möhre putzen, schälen und in kleine Würfel schneiden. Mit der Gewürznelke, dem Lorbeerblatt, den Pfefferkörnern und den Thymian- und Rosmarinzweigen unter die Marinade rühren. Das Fleisch in große Würfel schneiden und in der Marinade zugedeckt 2 Tage im Kühlschrank ziehen lassen.

3 Die Schalotten und die restliche Knoblauchzehe schälen und in feine Würfel schneiden. Die Butter in einer Pfanne erhitzen, die Schalotten und den Knoblauch darin andünsten.

4 Das Fleisch aus der Marinade nehmen und trocken tupfen. Das Butterschmalz in einem Topf erhitzen und das Fleisch darin bei mittlerer bis starker Hitze anbraten. Das Tomatenmark hinzufügen und kurz anrösten. Das Mehl darüberstäuben, die gedünsteten Schalotten und den Knoblauch dazugeben. Die Marinade nach und nach unterrühren. Falls nötig, etwas Wasser hinzugießen, das Fleisch sollte mit Flüssigkeit knapp bedeckt sein. Mit Salz und Pfeffer würzen. Den Schweinepfeffer bei schwacher Hitze 50 bis 60 Minuten köcheln lassen, dabei gelegentlich umrühren.

5 Das Fleisch mit dem Schaumlöffel aus dem Topf heben und in eine Schüssel geben. Die Sauce durch ein Sieb streichen und mit dem Fleisch mischen. Auf Tellern anrichten und nach Belieben mit Rosmarin garnieren. Dazu passen Semmelknödel (siehe S. 149).

NATÜRLICHE FARBSTOFFE

Dieses kräftig gewürzte Schmorgericht wurde ursprünglich – vielleicht nicht jedermanns Sache – mit Schweineblut gebunden. Dadurch erhielt es seine dunkle Farbe. Den gleichen Effekt kann man aber auch mit Blutwurst, angeröstetem Tomatenmark oder sogar mit etwas fein geriebener Bitterschokolade erzielen. Gebunden wird dieses Gericht heute meist nur noch mit Mehl oder Speisestärke.

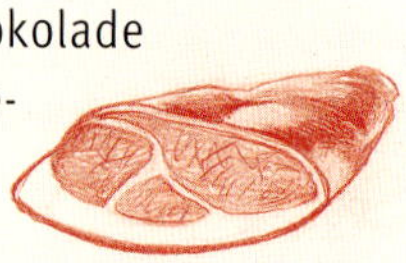

Jörg Sackmann empfiehlt:

» Wenn Sie den Schweinepfeffer noch etwas saftiger mögen, dann verwenden Sie einfach ein paar Zwiebeln mehr. Etwas Speck gibt darüber hinaus ein tolles Aroma. Mit einem Klecks Sauerrahm angerichtet, bekommt das Gericht eine frische Note. «

– Sachsen-Anhalt –

Hackus & Knieste
(Gehacktes mit Ofenkartoffeln)

Zutaten für 4 Personen
800 g kleine vorwiegend festkochende Kartoffeln
ca. 5 EL Öl
Salz
3 EL ganzer Kümmel
1 Glas Salz-Dill-Gurken
4 Zwiebeln
800 g sehr frisches Schweinehackfleisch (Schweinemett)
Pfeffer aus der Mühle

1 Den Backofen auf 200 °C vorheizen. Die Kartoffeln (Knieste) mit der Schale unter fließendem kaltem Wasser kräftig abbürsten. Die Kartoffeln der Länge nach halbieren.

2 Das Backblech mit 4 EL Öl einstreichen, Salz und etwa 2 EL Kümmel darauf verteilen. Die Kartoffelhälften mit der Schnittfläche nach unten darauflegen und mit dem restlichen Öl bestreichen. Den restlichen Kümmel darüberstreuen. Die Kartoffeln im Ofen auf der mittleren Schiene etwa 1 Stunde backen, dabei die Kartoffeln nach etwa 40 Minuten eventuell nochmals mit etwas Öl vom Blech einstreichen.

3 Inzwischen die Dill-Gurken in kleine Würfel schneiden. Die Zwiebeln schälen und in feine Würfel schneiden.

4 Das Hackfleisch mit Salz und Pfeffer würzen und auf einer Platte anrichten. Oder portionsweise auf Tellern in einen Metallring füllen, andrücken und den Ring wieder hochziehen. Nach Belieben mit Petersilie garnieren. Die Gurken und Zwiebeln getrennt zum Hackus anrichten. Die Knieste aus dem Ofen nehmen und dazu servieren.

Michael Kempf empfiehlt:

» Die perfekte Beilage zum Grillabend bekommen Sie, wenn Sie die Knieste mit Rosmarin, Knoblauch und Chili würzen. Und wenn man die Kartoffeln der Länge nach in sehr dünne Scheiben schneidet und diese mit dem Öl und den Gewürzen im Ofen bei 180 °C gart, erhält man sensationelle Kartoffelchips! Anschließend am besten noch mit geräuchertem Paprikapulver bestreuen. Dann kann man die Supermarkt-Chips getrost im Regal lassen! «

– Berlin –

Eisbein
mit Sauerkraut und Erbspüree

Zutaten für 4 Personen

Für das Erbspüree:

400 g getrocknete grüne oder gelbe Erbsen
1 Bund Suppengemüse
3 EL Butter
Salz · Pfeffer aus der Mühle

Für das Eisbein und das Sauerkraut:

4 leicht gepökelte Eisbeine (à 400 g)
3 Zwiebeln
12 weiße Pfefferkörner
5 Wacholderbeeren
5 Lorbeerblätter
Zucker
800 g Sauerkraut
2 Gewürznelken

1 Am Vortag die Erbsen waschen und mit reichlich Wasser über Nacht einweichen. Am nächsten Tag in ein Sieb abgießen und abtropfen lassen.

2 Für das Eisbein etwa 3 l Wasser in einem großen Topf erhitzen, die Eisbeine dazugeben und aufkochen, den dabei aufsteigenden Schaum abschöpfen. Die Zwiebeln schälen und achteln. 3/4 der Zwiebeln mit den Pfefferkörnern, Wacholderbeeren, 3 Lorbeerblättern und 1/2 TL Zucker zum Fleisch geben. Zugedeckt bei schwacher Hitze 1 1/2 Stunden garen.

3 Für das Erbspüree das Suppengemüse putzen, waschen bzw. schälen und in Stücke schneiden. 1/4 l des Eisbein-Kochsuds mit den Erbsen und dem Gemüse in einen Topf geben. So viel heißes Wasser angießen, bis das Gemüse bedeckt ist. Zugedeckt bei schwacher Hitze 1 Stunde garen.

4 Die Eisbeine aus dem Topf nehmen, den Kochsud durch ein Sieb gießen. Die Eisbeine mit dem Sauerkraut und den restlichen Zwiebeln wieder in den Topf geben. Die übrigen Lorbeerblätter, die Gewürznelken, 1 TL Zucker und 1/2 l Eisbein-Kochsud hinzufügen. Zugedeckt bei schwacher Hitze etwa 40 Minuten weitergaren.

5 Die Erbsen mit dem Stabmixer pürieren, eventuell etwas Eisbein-Kochsud bis zur gewünschten Konsistenz untermixen. Die Butter unterrühren und das Püree mit Salz und Pfeffer abschmecken. Das Sauerkraut eventuell nachwürzen, mit dem Eisbein und dem Erbspüree servieren.

Michael Kempf empfiehlt:

» Wenn Sie eine mehligkochende Kartoffel fein reiben, unter das Sauerkraut rühren und mitgaren, wird es leicht gebunden. Anstatt Eisbein kann man übrigens auch sehr schön Schweinebauch mit dem Kraut kochen. Und das Erbspüree bekommt eine besondere Note, wenn Sie es mit frischer Minze oder Minzöl abschmecken. «

– Sachsen-Anhalt –

Köthener Schusterpfanne
mit Kartoffeln und Birnen

Zutaten für 4 Personen
700 g Schweineschulter (in ca. 2 cm dicken Scheiben)
2–3 EL Öl
Salz · Pfeffer aus der Mühle
800 g festkochende Kartoffeln
4–6 Kochbirnen (oder reife, feste Tafelbirnen)
1 TL ganzer Kümmel

1 Das Fleisch in 3 bis 4 cm große Stücke schneiden. Das Öl in einem Bräter oder einem flachen Schmortopf erhitzen. Das Fleisch darin bei mittlerer Hitze rundum anbraten und mit Salz und Pfeffer würzen. Mit etwa 400 ml Wasser ablöschen und zugedeckt bei schwacher Hitze 40 Minuten schmoren.

2 Die Kartoffeln schälen, waschen und in Scheiben schneiden. Die Birnen vierteln, schälen und das Kerngehäuse entfernen. Nach Belieben die Birnenviertel nochmals halbieren.

3 Die Kartoffeln und die Birnen zum Fleisch geben. Mit dem Kümmel, Salz, Pfeffer und nach Belieben etwas Beifuß würzen. Alles zugedeckt weitere 20 Minuten garen.

4 Den Backofen auf 220 °C vorheizen oder den Backofengrill einschalten. Die Schusterpfanne im Ofen auf der mittleren Schiene offen etwa 10 Minuten knusprig überbacken. Das fertige Gericht in der Pfanne servieren. Dazu passen Rohkost, grüner Salat und hart gekochte, gehackte Eier.

BIRNENZEIT IN KÖTHEN

Die Köthener Schusterpfanne hat im Herbst – zur Zeit der Birnenernte – Saison. Am besten eignen sich für dieses Gericht reife, feste Birnen oder auch die sogenannten Kochbirnen. Traditionell sind diese in der norddeutschen Küche zu Hause und werden z.B. für »Birnen, Bohnen und Speck« verwendet (siehe S. 146). Im Unterschied zu normalen Birnen sind sie eher klein und weniger saftig und süß. Sie werden spät gelb und sind erst nach dem Kochen für den Verzehr geeignet. Griese Bern, Lange Grüne Winterbirne, Wein-Bergamott-Birne oder Rote Kochbirne sind allesamt alte Kochbirnensorten.

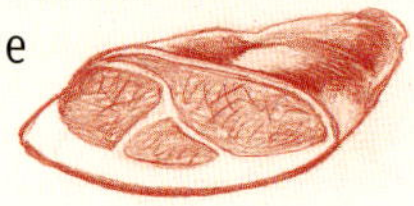

Michael Kempf empfiehlt:

» Dieses Gericht kann auch komplett vegetarisch gekocht werden. Hierzu anstatt des Fleischs 1 Bund Möhren und 1 Kopf Weißkraut mit 1/2 l Gemüsebrühe ansetzen und etwa 15 Minuten köcheln lassen. Dann wie beschrieben die Kartoffelscheiben und die Birnenviertel dazugeben. «

– Thüringen –

Thüringer Rostbrätl
in Biermarinade

Zutaten für 4 Personen

2 – 4 Zwiebeln
2 Knoblauchzehen
80 g Senf
ca. 400 ml leicht süßliches Schwarzbier
Salz · Pfeffer aus der Mühle
4 Schweinekammscheiben (à ca. 2 cm dick; mit oder ohne Knochen; »Rostbrätl«)
Öl für den Grillrost
1 EL Butter

1 Für die Marinade 1 bis 2 Tage vorher die Zwiebeln und den Knoblauch schälen, die Zwiebeln in feine Ringe, den Knoblauch in dünne Scheiben schneiden. Den Senf mit etwa 300 ml Bier, etwas Salz und Pfeffer zu einer dicken, cremigen Marinade verrühren. Nach Belieben mit 1 EL Worcestersauce abschmecken.

2 Den Boden einer flachen Form mit etwas Marinade bedecken. Die Fleischscheiben nebeneinander hineinlegen und großzügig mit Marinade bestreichen. Mit den Zwiebelringen und den Knoblauchscheiben belegen und mit der restlichen Marinade bedecken. Das Fleisch zugedeckt im Kühlschrank 1 bis 2 Tage ziehen lassen.

3 Etwa 1 Stunde vor dem Grillen das Fleisch aus dem Kühlschrank nehmen. Den Grillrost einfetten und den Grill vorheizen. Das marinierte Fleisch ohne Zwiebeln und Knoblauch aus der Marinade nehmen und abtropfen lassen. Auf den heißen Grill legen und etwa 10 Minuten grillen. Das Fleisch wenden und weitere 10 Minuten grillen. Gelegentlich mit etwas restlichem Bier ablöschen.

4 Die Butter in einer Pfanne erhitzen, die Zwiebeln und den Knoblauch aus der Marinade nehmen und in der Butter goldbraun braten. Auf den Thüringer Rostbrätln anrichten. Dazu passen Roggenbrot oder Kartoffelsalat (siehe z.B. S. 21 oder 71).

Vincent Klink empfiehlt:

» Thüringer Rostbrätl sind wirklich eine herzhafte Angelegenheit, aber man achte auf die Biersorte. In jedem Falle sollte es nur schwach gehopft sein, damit nichts zu bitter gerät. «

– Hessen –

Rippchen mit Kraut
in Apfelweinsud

Zutaten für 4 Personen
1 Zwiebel
1 Apfel
800 g Sauerkraut
5 Wacholderbeeren
2 Lorbeerblätter
1 kg gepökeltes Schweinekotelett (am Stück; vom Metzger an den Knochen eingesägt)
1 l Apfelwein (oder 1/2 l Fleischbrühe und 1/2 l Weißwein)

1 Die Zwiebel schälen und in feine Würfel schneiden. Den Apfel vierteln, schälen, das Kerngehäuse entfernen und die Apfelviertel in feine Würfel schneiden oder grob reiben. Das Sauerkraut auf einem Sieb abtropfen lassen. Mit der Zwiebel, dem Apfel, den Wacholderbeeren und den Lorbeerblättern mischen.

2 Das Schweinekotelett in einen großen Topf legen und das Kraut um das Fleisch herum verteilen. Den Apfelwein dazugießen. Alles zugedeckt bei mittlerer Hitze aufkochen, anschließend bei schwacher Hitze 45 bis 60 Minuten garen.

3 Das Fleisch aus dem Topf heben und in Scheiben schneiden. Die Rippchen mit dem Kraut auf Tellern anrichten. Dazu schmeckt Kartoffelpüree (siehe S. 121).

Karlheinz Hauser empfiehlt:

» Setzen Sie das Sauerkraut schon einen Tag vorher an und wärmen Sie es am nächsten Tag einfach auf, das schmeckt noch besser! Und noch ein Tipp: Vollenden Sie das Kraut vor dem Servieren mit etwas Nussbutter (gebräunte Butter). «

– Mecklenburg-Vorpommern –

Mecklenburger Rippenbraten
mit Äpfeln und Pflaumen

Zutaten für 4 Personen
100 g Backpflaumen
1,2 kg Schweinebauch (mit Rippen; am besten vom Metzger eine Tasche einschneiden lassen)
Salz · Pfeffer aus der Mühle
getrockneter Majoran
2 EL Rosinen
2 Scheiben Toastbrot (oder 2 – 3 EL Paniermehl)
2 Äpfel
1 EL Zitronensaft
1 TL Zucker
2 EL Öl
1 Zwiebel
1 Bund Suppengemüse
2 Lorbeerblätter
3 schwarze Pfefferkörner
2 Pimentkörner
1/2 TL Senfkörner

1 Die Backpflaumen in kaltem Wasser mehrere Stunden einweichen. Nach Belieben die Schwarte des Schweinebauchs rautenförmig einschneiden, aber nicht durchschneiden. Mit einem scharfen Messer eine Tasche einschneiden. Den Rippenbraten innen mit Salz, Pfeffer und Majoran würzen. Den Backofen auf 200 °C vorheizen.

2 Die Rosinen auf einem Sieb mit heißem Wasser abbrausen und abtropfen lassen. Das Brot entrinden und in Würfel schneiden. Die Backpflaumen abtropfen lassen und halbieren. Die Äpfel vierteln, schälen, entkernen und in Würfel schneiden. 1 EL Apfelwürfel mit dem Zitronensaft beträufeln, mit etwa 4 Backpflaumen für die Sauce beiseitestellen.

3 Die restlichen Backpflaumen und Apfelwürfel mit den Rosinen und dem Brot in einer Schüssel mischen und mit etwas Salz, Pfeffer, Majoran und dem Zucker würzen. Den Braten mit der Mischung füllen und mit kleinen Holzspießen oder Küchengarn verschließen.

4 Das Öl in einem Bräter erhitzen. Den Braten mit der Fleischseite nach unten hineinsetzen, kurz anbraten und anschließend im Ofen etwa 10 Minuten braten.

5 Inzwischen die Zwiebel schälen und in feine Würfel schneiden. Das Suppengemüse putzen und waschen bzw. schälen und in Stücke schneiden. Das Gemüse im Bräter um den Rippenbraten herum verteilen und 10 Minuten weitergaren. 1/2 l heißes Wasser neben den Braten über das Gemüse gießen. Die Lorbeerblätter, die Pfeffer-, Piment- und Senfkörner dazugeben. Die Temperatur auf 180 °C reduzieren. Den Rippenbraten weitere 1 1/2 Stunden garen, dabei immer wieder etwas heißes Wasser angießen.

6 Den Rippenbraten aus dem Ofen nehmen und warm halten. Falls nötig, vom Bratenfond Fett abschöpfen und den Fond durch ein Sieb in einen Topf gießen, dabei das Gemüse leicht ausdrücken. Die beiseitegestellten Backpflaumen und Apfelwürfel dazugeben und kurz aufkochen lassen. Nach Belieben die Sauce mit etwas Mehlbutter oder angerührter Speisestärke binden, mit Salz und Pfeffer abschmecken. Den Rippenbraten in Scheiben schneiden und mit der Sauce auf Tellern anrichten. Dazu schmecken Rotkraut (siehe S. 108) und Salzkartoffeln.

DEFTIG FRUCHTIGES IM WINTER

Was dem Bayern seine Dunkelbiersauce, sind dem Mecklenburger seine Äpfel und Backpflaumen. Denn die dürfen beim ortstypischen Schweinebraten nicht fehlen. Das aus dem ländlichen Raum von Mecklenburg-Vorpommern stammende Gericht wurde früher vor allem in kalten Monaten zubereitet, wenn viel geschlachtet wurde. Gefüllt hat man den winterlichen Braten dann einfach mit dem, was es zu dieser Jahreszeit gab: Äpfel und Backpflaumen.

Otto Koch empfiehlt:

» Selbst ein perfekt zubereiteter Rippenbraten kann geschmacklich abfallen, wenn die Fleischqualität nicht stimmt. Achten Sie daher beim Einkauf auf die Herkunft des Schweins. Eine sehr gute Wahl ist zum Beispiel Fleisch vom Schwäbisch-Hällischen Schwein. «

– Niedersachsen –

Gebratene Lammkeule von der Heidschnucke

Zutaten für 4 Personen

- 3 Zweige Thymian
- 1 EL Senf
- 3 – 4 EL Zitronensaft
- Pfeffer aus der Mühle
- 1 1/2 kg Lammkeule (mit Knochen; von der Heidschnucke)
- 1 Möhre
- 200 g Knollensellerie
- 1 Zwiebel
- 1 – 2 EL Öl
- Salz
- 1 l Fleischbrühe
- 3 Wacholderbeeren
- 2 Lorbeerblätter
- 3 EL Sahne

1 Den Thymian waschen, trocken schütteln und die Blättchen von den Stielen abzupfen. Die Thymianblättchen, den Senf und den Zitronensaft verrühren, mit Pfeffer würzen. Die Lammkeule mit der Marinade bestreichen. Die Keule mindestens 2 Stunden, am besten über Nacht, im Kühlschrank ziehen lassen.

2 Den Backofen auf 220 °C vorheizen. Die Möhre und den Sellerie putzen, schälen und in kleine Würfel schneiden. Die Zwiebel schälen und in feine Würfel schneiden.

3 Die Keule in einen Bräter legen, das Gemüse außen herum verteilen, alles mit dem Öl beträufeln und mit Salz würzen. Die Lammkeule im Ofen auf der mittleren Schiene 20 Minuten garen. Mit der Brühe ablöschen, die angedrückten Wacholderbeeren und die Lorbeerblätter hinzufügen. Die Temperatur auf 180 °C reduzieren und die Lammkeule weitere 1 1/2 Stunden garen, dabei gelegentlich mit der Brühe begießen.

4 Am Ende der Garzeit die Keule aus dem Bräter nehmen, in Alufolie wickeln und warm halten. Die Bratensauce durch ein Sieb in einen Topf gießen und dabei das Gemüse leicht ausdrücken. Die Sauce aufkochen, die Sahne hineinrühren und mit Salz und Pfeffer würzen. Nach Belieben die Sauce mit etwas kalter Butter oder angerührter Speisestärke binden. Die Lammkeule aufschneiden und mit der Sauce anrichten. Dazu passen Rosmarinkartoffeln oder Kartoffelpüree (siehe S. 121).

OHNE SCHNUCKEN KEINE HEIDE

Für die Lüneburger Heide ist die Heidschnucke ein lebendes Wahrzeichen. Dort schätzt man die Schafe nicht nur wegen ihres feinen, wildartigen Geschmacks, sondern auch, weil sie für die Erhaltung und Pflege der Heideflächen unentbehrlich geworden sind. Sie knabbern an allem, was die karge Landschaft hergibt. Diesem Verhalten verdanken sie auch ihren Namen: »Schnökern« bzw. »schnucken« ist eine andere Bezeichnung für naschen. Die kleine, genügsame Schafart stammt ursprünglich von den Mufflons auf Sardinien und Korsika ab und gehört zu den ältesten Schafrassen in Mitteleuropa.

Karlheinz Hauser empfiehlt:

» Für dieses Rezept eignet sich natürlich jede Lammkeule, sie muss nicht unbedingt von der Heidschnucke sein. Aufgrund des würzigen Heidekrauts, des Lieblingsessens der Heidschnucken, haben sie jedoch ein ganz besonderes Aroma und sind obendrein sehr fettarm. «

– Niedersachsen –

Friesisches Salzlamm
mit grünen Bohnen

Zutaten für 4 Personen
1 Bund Petersilie
5 Zweige Thymian
5 EL Paniermehl
(oder Weißbrotbrösel)
70 ml Öl
abgeriebene Schale von
1/2 unbehandelten Zitrone
Salz · Pfeffer aus der Mühle
1 kg Lammrücken
(küchenfertig, mit Knochen;
vom Salzwiesenlamm)
1 Bund Suppengemüse
600 g grüne Bohnen
1/4 l Rotwein
100 ml Fleischbrühe
2 EL Schmand
1–2 EL Butter

1 Den Backofen auf 180 °C vorheizen. Die Petersilie und den Thymian waschen und trocken schütteln. Die Blätter abzupfen und die Petersilie fein hacken. Den Thymian und die Hälfte der Petersilie mit dem Paniermehl, 5 El Öl, der Zitronenschale, etwas Salz und Pfeffer mischen.

2 Vom Lammrücken, falls nötig, das Fett entfernen. Das Suppengemüse putzen, waschen bzw. schälen und in Stücke schneiden. Das restliche Öl in einem Bräter erhitzen, das Fleisch darin auf beiden Seiten anbraten, mit Salz und Pfeffer würzen. Die Kräutermasse auf der Fleischseite des Lammrückens verteilen, leicht andrücken. Die Gemüsestücke zum Lamm geben und alles im Ofen auf der mittleren Schiene 40 bis 50 Minuten garen. Inzwischen die Bohnen putzen, waschen und in kochendem Salzwasser etwa 8 Minuten garen. In ein Sieb abgießen und kalt abschrecken.

3 Das Lamm aus dem Bräter nehmen und in Alufolie wickeln. Den Wein und die Brühe zum Bratensatz gießen und kurz aufkochen. Die Sauce durch ein Sieb in einen Topf gießen, dabei das Gemüse leicht ausdrücken. Den Schmand unterrühren und die Sauce kurz köcheln lassen. Mit Salz und Pfeffer würzen. Die Butter in einer Pfanne erhitzen, die Bohnen darin schwenken, mit Salz würzen und mit der restlichen Petersilie bestreuen. Das Lammfleisch vom Knochen lösen und in Scheiben schneiden. Mit den Bohnen und der Rotweinsauce anrichten.

Jacqueline Amirfallah empfiehlt:

» Der Lammrücken eignet sich sehr gut zum Niedertemperaturgaren. Dazu das Fleisch wie beschrieben anbraten, dann aber im 75 °C heißen Ofen mindestens 21/2 Stunden garen. Zur Kräuterkruste können Sie übrigens nach Belieben auch noch Majoran geben. «

– Hessen –

Rhöner Hirtenpfanne
mit Lammhack und Wirsing

Zutaten für 4 Personen

2 Zwiebeln
2 Knoblauchzehen
1/2 kleiner Wirsing
1/2 Bund Thymian
2 EL Öl
600 g Lammhackfleisch
Salz · Pfeffer aus der Mühle
ca. 1/4 l Fleischbrühe
1 EL ganzer Kümmel
250 g Schmand

1 Die Zwiebeln und die Knoblauchzehen schälen und in feine Würfel schneiden. Den Wirsing putzen, waschen und halbieren. Den harten Strunk entfernen und den Wirsing quer in etwa 2 cm breite Streifen schneiden. Den Thymian waschen, trocken schütteln und die Blättchen von den Stielen zupfen.

2 Das Öl in einer Pfanne erhitzen und das Hackfleisch darin goldbraun anbraten. Die Zwiebeln und den Knoblauch hinzufügen und kurz mitbraten. Den Wirsing dazugeben und ebenfalls kurz anbraten. Die Hackpfanne mit Salz und Pfeffer würzen.

3 Die Brühe dazugießen, den Kümmel und die Hälfte der Thymianblättchen unter das Hackfleisch mischen. Alles bei schwacher Hitze etwa 20 Minuten köcheln lassen.

4 Den Schmand unterrühren und kurz aufkochen lassen. Mit Salz und Pfeffer abschmecken und den restlichen Thymian unterrühren. Dazu schmecken Bratkartoffeln (siehe S. 121).

Otto Koch empfiehlt:

» Dieses Gericht eignet sich auch wunderbar als Füllung für herzhafte Pfannkuchen. Einfach aus Mehl, Eiern, Milch und Salz einen Teig herstellen, in einer Pfanne mit Butter goldbraune Fladen ausbacken, etwas von der Hirtenpfanne daraufgeben und die Pfannkuchen aufrollen. Dazu dann am besten noch einen frischen Salat reichen. «

Kalb & Rind

Kalb & Rind – die richtige Wahl

Rindfleisch ist nicht gleich Rindfleisch - und das liegt nicht nur an der Rasse oder dem Alter der Tiere. Je nachdem, von welchem Teil des Rinds das Fleisch stammt, besitzt es ganz unterschiedliche Strukturen und sollte folglich auch auf unterschiedliche Weise zubereitet werden. Die ohnehin zarten Fleischstücke aus Rücken oder Filet eignen sich am besten zum Kurzbraten und müssen nicht unbedingt durchgegart sein. Teile, die mehr Bindegewebe enthalten, wie Nacken oder Brust, sollten lange geschmort bzw. gebraten werden. Erst dann werden sie zart und saftig. Für die Qualität aller Fleischstücke ist entscheidend, dass sie gut marmoriert sind, d.h., sie sollten von vielen feinen Fettäderchen durchzogen sein.

1 Leber ist generell besonders zart, wenn sie von Jungtieren stammt. **Kalbsleber** ist heller als Rinderleber, mild im Geschmack und wird meist gebraten.
2 **Kalbsbrust** wird oft gefüllt und gebraten oder geschmort, denn sie enthält viel Fett und Bindegewebe.
3 Der **Hüftdeckel** ist das obere Ende des Schwanzstücks. Er eignet sich zum Kochen und Schmoren, bekannte Gerichte sind Tafelspitz oder Tellerfleisch.
4 Wer bei der Qualität sichergehen will und die Mühe nicht scheut, stellt **Hackfleisch** am besten selbst her.
5 Ein beliebtes Stück Rindfleisch ist **(Rump-)Steak**: nach Geschmack blutig, rosa oder gut durch gebraten.
6 Die Teilstücke der **Schulter** (auch Bug genannt) sind sehr vielseitig verwendbar, z.B. als **Sauerbraten**.
7 Die **Oberschale**, ein Stück aus der Rinderkeule, hat mageres, kurzfaseriges Fleisch. Perfekt für **Rouladen**!

Tafelspitz zubereiten

Tafelspitz in Öl bei mittlerer Hitze rundum anbraten. Herausnehmen, Bratensatz mit Wasser ablöschen. Fleisch hineinlegen und mit Salz würzen.

Das Fleisch 1 Stunde garen. Die Zwiebeln halbieren und in einer beschichteten oder mit Alufolie ausgelegten Pfanne auf den Schnittstellen bräunen.

Das vorbereitete Suppengemüse, die Zwiebeln, Lorbeerblatt, Pfeffer- und Pimentkörner zum Fleisch geben und alles weitere 1½ Stunden ziehen lassen.

Rouladen verschließen

Küchengarn um die Roulade schlingen und verknoten. Das Garn um das Fleisch schlingen, dabei jeweils auf der Oberseite unter der Schlinge durchfädeln.

Alternativ Holzspießchen der Länge nach vorsichtig durch die oberen zwei Fleischlagen stechen.

Oder die Roulade mit einer Rouladennadel verschließen. Durch das gebogene Ende der Metallnadel lässt sie sich leichter durch das Fleisch schieben.

Kalbsleber braten

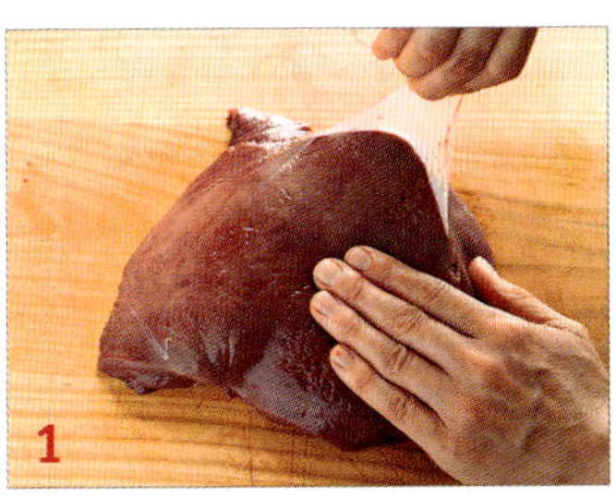

Die Kalbsleber waschen und trocken tupfen. Die Haut abziehen und die Gefäße entfernen. Die Leber in Scheiben schneiden.

Mehl auf einen Teller geben und die Kalbsleberscheiben nacheinander im Mehl wenden. Überschüssiges Mehl abklopfen.

Butterschmalz in einer Pfanne erhitzen und die Leberscheiben bei schwacher bis mittlerer Hitze auf beiden Seiten anbraten. Mit Salz und Pfeffer würzen.

– Berlin –

Leber Berliner Art
mit Kartoffelpüree

Zutaten für 4 Personen

Für das Kartoffelpüree:

1 kg mehligkochende Kartoffeln
Salz
ca. 200 ml Milch
3 EL Butter
Pfeffer aus der Mühle
frisch geriebene Muskatnuss

Für die Leber:

4 Scheiben Kalbsleber (à 150 g)
4 kleine Zwiebeln
2 Äpfel
1 EL Öl
4 EL Butter
ca. 4 EL Mehl
4 EL Butterschmalz
Salz · Pfeffer aus der Mühle

1 Für das Kartoffelpüree die Kartoffeln schälen, waschen und in Salzwasser etwa 25 Minuten garen.

2 In der Zwischenzeit die Leberscheiben waschen und trocken tupfen. Die Zwiebeln schälen und in feine Ringe schneiden. Die Äpfel gründlich waschen und mit dem Apfelausstecher das Kerngehäuse entfernen. Die Äpfel quer in etwa 1/2 cm dicke Scheiben schneiden.

3 Das Öl mit der Butter in einer Pfanne erhitzen. Die Zwiebelringe und Apfelscheiben darin etwa 5 Minuten bei mittlerer Hitze goldbraun braten.

4 Die Leberscheiben nacheinander in Mehl wenden, überschüssiges Mehl abklopfen. Das Butterschmalz in einer zweiten Pfanne erhitzen und die Leberscheiben darin bei mittlerer Hitze auf jeder Seite 3 bis 4 Minuten braten. Sie sollten innen rosa, aber nicht mehr blutig sein. Mit Salz und Pfeffer würzen.

5 Für das Püree Milch und Butter in einem Topf erhitzen. Die Kartoffen abgießen, ausdampfen lassen und mit dem Kartoffelstampfer zerdrücken. Die warme Milch-Butter-Mischung nach und nach unterrühren. Das Kartoffelpüree mit Salz, Pfeffer und 1 Prise Muskatnuss abschmecken.

6 Die Leber mit dem Kartoffelpüree auf Tellern anrichten und mit gebratenen Zwiebeln und Äpfeln belegen. Dazu schmeckt ein grüner Salat.

Michael Kempf empfiehlt:

» Zu diesem Gericht passt auch wunderbar noch eine Sauce: einfach 1 Flasche Malzbier und 300 ml Kalbsjus auf ein Drittel einkochen lassen. Anschließend mit 50 g kalter Butter aufmixen und kurz vor dem Servieren über die Leber geben. «

– Sachsen –

Vogtländischer Sauerbraten
mit Pfefferkuchen

1. Platz

Zutaten für 4 Personen

Für die Marinade:

2 - 3 große Zwiebeln
1/4 l Weinessig
8 schwarze Pfefferkörner
1 Lorbeerblatt

Für den Sauerbraten:

1 kg Rinderschmorbraten
2 Möhren
200 g Knollensellerie
4 EL Butterschmalz
1 EL Tomatenmark
Salz · Zucker
ca. 80 g Pfefferkuchen
(ersatzweise Schwarzbrot)
Pfeffer aus der Mühle

1 Für die Marinade 2 bis 3 Tage im Voraus die Zwiebeln schälen und achteln. In einem großen Topf 1 l Wasser mit den Zwiebeln, dem Essig, den Pfefferkörnern und dem Lorbeerblatt aufkochen und etwas abkühlen lassen. Das Fleisch in die Marinade legen und im Kühlschrank 2 bis 3 Tage ziehen lassen, das Bratenstück dabei gelegentlich wenden.

2 Für den Sauerbraten die Möhren und den Sellerie putzen, schälen und in kleine Würfel schneiden. Das Fleisch aus der Marinade nehmen und trocken tupfen. Das Butterschmalz in einem Bräter erhitzen und das Fleisch darin rundum anbraten. Die Marinade durch ein Sieb in eine Schüssel gießen, die Hälfte der Zwiebeln beiseitelegen.

3 Das Tomatenmark zum Fleisch geben und kurz mitrösten. Die Möhren, den Sellerie und die beiseitegelegten Zwiebeln hinzufügen und 1 Minute mitdünsten. Den Braten mit der Marinade ablöschen, mit Salz und 1 Prise Zucker würzen und zugedeckt bei schwacher bis mittlerer Hitze etwa 2 Stunden weich schmoren.

4 Den Sauerbraten aus der Sauce nehmen und warm halten. Die Sauce mit dem Pfefferkuchen binden, kurz aufkochen lassen und mit Salz und Pfeffer abschmecken. Durch ein Sieb in einen Topf passieren und dabei das Gemüse gut ausdrücken. Das Fleisch aufschneiden und mit der Sauce servieren. Dazu passt Apfelrotkohl.

Jacqueline Amirfallah empfiehlt:

» Für einen Schmorbraten sollte das Fleisch nicht zu mager sein, sonst wird es trocken. Am besten eignet sich ein Stück aus der Schulter oder aus dem Nacken, da diese Stücke beim Schmoren schön saftig bleiben. «

– Hessen–

Grüne Sauce
mit Tafelspitz

Zutaten für 4 Personen

Für den Tafelspitz:

1–2 EL Öl
1 großes Stück Tafelspitz (ca. 1 kg)
Salz
2 kleine braunschalige Zwiebeln
1 Stange Lauch · 3 Möhren
3 Stangen Staudensellerie
1 Lorbeerblatt
3 Wacholderbeeren
1 TL schwarze Pfefferkörner
1/2 TL Pimentkörner

Für die Grüne Sauce:

je 1 kleines Bund Petersilie, Schnittlauch, Kerbel und Kresse
je einige Stiele Borretsch, Pimpinelle, Dill und Sauerampfer
250 g saure Sahne
1 EL Naturjoghurt · 3 EL Sahne
1 TL mittelscharfer Senf
1 EL Zitronensaft
Salz · Pfeffer aus der Mühle
1 kleine Zwiebel
2 hart gekochte Eier

1 Für den Tafelspitz das Öl in einem großen Topf erhitzen. Das Fleisch darin bei mittlerer Hitze rundum anbraten und wieder herausnehmen. Den Bratensatz mit 1 l Wasser ablöschen.

2 Das Wasser bis knapp unter den Siedepunkt erhitzen und das Fleisch wieder in den Topf geben. Falls nötig, noch etwas heißes Wasser dazugießen, bis das Fleisch knapp bedeckt ist. 1/2 TL Salz hinzufügen und das Fleisch etwa 2 1/2 Stunden garen.

3 In der Zwischenzeit die ungeschälten Zwiebeln halbieren. Die Zwiebelhälften mit der Schnittfläche nach unten in einer beschichteten Pfanne ohne Öl bei mittlerer Hitze bräunen (siehe S. 89).

4 Den Lauch putzen, waschen und der Länge nach halbieren, dann quer in ca. 8 cm lange Stücke schneiden. Die Möhren und den Sellerie putzen und schälen bzw. waschen. Beides schräg in breite Scheiben schneiden. Das vorbereitete Gemüse mit den gebräunten Zwiebelhälften nach etwa 1 Stunde Garzeit zum Fleisch geben. Das Lorbeerblatt, die Wacholderbeeren, die Pfeffer- und Pimentkörner dazugeben.

5 Inzwischen für die Grüne Sauce die Kräuter waschen und trocken schütteln. Harte Stiele entfernen und die Kräuter fein hacken. Die Petersilienstiele für den Tafelspitz beiseitelegen. Die saure Sahne, den Joghurt und die Sahne in den Küchenmixer geben, zwei Drittel der Kräuter hinzufügen und kurz pürieren. Mit dem Senf, dem Zitronensaft, Salz und Pfeffer würzig abschmecken. Die Zwiebel schälen, die Eier pellen und beides in kleine Würfel schneiden. Zusammen mit den restlichen Kräutern unter die Sauce mischen.

6 Etwa 5 Minuten vor Ende der Garzeit die Petersilienstiele zum Tafelspitz geben und in der Brühe ziehen lassen.

7 Den Tafelspitz aus der Brühe nehmen und quer zur Faser in Scheiben schneiden. Das Fleisch mit etwas Gemüse auf einer Platte anrichten, nach Belieben mit Salz und Pfeffer würzen und die Grüne Sauce dazu reichen.

EINE KLASSE FÜR SICH

Gekochtes Rindfleisch wird im ganzen Land gerne gegessen, in Kombination mit »Grie Sooß« ist es jedoch eine hessische Spezialität. Dort weiß man die grüne Kräutersauce sogar so sehr zu schätzen, dass man auch getrost auf das Fleisch verzichten kann. Meist wird die frühlingsfrische Köstlichkeit einfach nur mit Pellkartoffeln und wachsweichem Ei genossen.
Ob die Eier separat dazu gereicht oder gleich klein geschnitten unter die Sauce gerührt werden, ist wie bei so vielen regional-kulinarischen Feinheiten eine Familienangelegenheit.

Jacqueline Amirfallah empfiehlt:

» Besonders gut in der Grünen Sauce schmeckt der Schildsauerampfer, der etwas kleinere Blätter hat als der Gartensauerampfer. Den Tafelspitz kann man übrigens auch im Backofen bei 120 °C garen, dann braucht er etwa 1 1/2 Stunden. «

– Baden-Württemberg –

Gefüllte Kalbsbrust
badische Art

Zutaten für 6–8 Personen
2 Zwiebeln
300 g Möhren
200 g Knollensellerie
200 g Champignons
2 EL Butter
Salz · Pfeffer aus der Mühle
1 Bund Petersilie
300 g Toastbrot
3 Eier
1/8 l Milch
frisch geriebene Muskatnuss
2 kg Kalbsbrust (evtl. bereits vom Metzger eine Tasche einschneiden lassen)
3 EL Butterschmalz
1/2 l Fleischbrühe
2 Zweige Majoran

1 Die Zwiebeln schälen, die Möhren und den Sellerie putzen und schälen. Für die Füllung die Hälfte der Möhren und der Zwiebeln in feine Würfel schneiden. Das restliche Gemüse in grobe Stücke schneiden und beiseitestellen.

2 Die Pilze putzen, eventuell mit Küchenpapier trocken abreiben und in kleine Würfel schneiden. Die Butter in einer Pfanne erhitzen. Die Pilze und die Möhren- und Zwiebelwürfel darin bei schwacher bis mittlerer Hitze 3 bis 4 Minuten braten. Mit Salz und Pfeffer würzen.

3 Die Petersilie waschen, trocken schütteln, die Blätter abzupfen und grob hacken. Das Toastbrot entrinden, in etwa 1 cm große Würfel schneiden und in eine Schüssel geben. Die Eier mit der Milch verquirlen, mit Salz, Pfeffer und 1 Prise Muskatnuss würzen. Die Eiermilch mit der Petersilie zu den Brotwürfeln geben. Das gebratene Gemüse hinzufügen und alles vorsichtig mischen.

4 Den Backofen auf 220 °C vorheizen. Mit einem scharfen Messer vorsichtig eine Tasche in die Kalbsbrust schneiden. Die Kalbsbrust innen und außen mit Salz und Pfeffer würzen. Die Tasche mit der Brot-Gemüse-Mischung füllen (nicht zu voll, da sich die Füllung beim Garen ausdehnt) und mit Küchengarn zunähen.

5 Das Butterschmalz in einem Bräter erhitzen, die Kalbsbrust darin rundum anbraten. Die restlichen Gemüsestücke dazugeben und im heißen Ofen 15 Minuten braten. Die Brühe angießen und die gefüllte Kalbsbrust weitere 2 Stunden garen, dabei gelegentlich mit dem Fond beträufeln. Kurz vor Ende der Garzeit den Majoran waschen, trocken tupfen und im Bratenfond ziehen lassen.

6 Die fertige Kalbsbrust aus dem Bräter nehmen und zugedeckt ruhen lassen. Den Bratenfond durch ein Sieb passieren, nach Belieben mit kalter Butter oder angerührter Speisestärke binden.

7 Von der gefüllten Kalbsbrust das Küchengarn entfernen und das Fleisch in Scheiben schneiden. Mit der Sauce anrichten und nach Belieben Spätzle dazu servieren.

VON GLÜCKLICHEN KÄLBERN

Beim Kauf von Kalbfleisch ist die Farbe ein wichtiges Qualitätskriterium. Früher wurde weißes Kalbfleisch besonders hoch geschätzt. Dieses entsteht jedoch nur, wenn die Kälber extrem eisenarm gefüttert werden. Hochwertiges Kalbfleisch von artgerecht gehaltenen Tieren erkennt man an einer rosa bis hellroten Fleischfarbe.

Vincent Klink empfiehlt:

» Von einer Kalbsbrust bleibt meistens etwas übrig. Irgendwann kam ich auf die Idee, sie in kaltem Zustand aufzuschneiden und sie vor dem Servieren auf einen vorgewärmten Teller zu legen. Mit einer Schnittlauchvinaigrette beträufelt, ergibt sie eine noble Vorspeise. «

– Bayern –

Tellerfleisch mit Meerrettich

Zutaten für 4 Personen

Für das Tellerfleisch:
1 kg Rinder- oder Ochsenbrust
Salz · Pfeffer aus der Mühle
2 EL Öl
1 Bund Suppengemüse
2 Lorbeerblätter
5 schwarze Pfefferkörner
2 Wacholderbeeren
1 Stück frischer, geschälter Meerrettich (ca. 5 cm)

Für das Gemüse:
500 g festkochende Kartoffeln
2 kleine Möhren
100 g saure Sahne
1–2 EL Weißweinessig
Salz · Pfeffer aus der Mühle
Zucker
1 EL gehackte Petersilie

1 Das Fleisch mit Salz und Pfeffer würzen. Das Öl in einem großen Topf erhitzen und das Fleisch darin bei mittlerer Hitze rundum anbraten. So viel heißes Wasser auffüllen, bis das Fleisch bedeckt ist. Bei schwacher Hitze knapp unter dem Siedepunkt etwa 2 Stunden garen, dabei den aufsteigenden Schaum abschöpfen.

2 Das Suppengemüse putzen und waschen bzw. schälen und in Stücke schneiden. Das Gemüse mit den Lorbeerblättern, den Pfefferkörnern und den angedrückten Wacholderbeeren nach 1 Stunde zum Fleisch geben.

3 Die Kartoffeln schälen und waschen, die Möhren putzen und schälen. Das Gemüse in 1/2 bis 1 cm große Würfel schneiden. Etwa 1/4 l der heißen Tellerfleischbrühe in einem Topf aufkochen. Die Kartoffel- und Möhrenwürfel hinzufügen. Zugedeckt 15 bis 20 Minuten sehr weich garen.

4 Ein Viertel der Möhren und Kartoffeln mit dem Schaumlöffel herausheben, mit dem Stabmixer pürieren und die saure Sahne untermixen. Das Püree wieder unter das restliche Gemüse im Topf rühren. Mit Essig, Salz, Pfeffer und Zucker abschmecken und mit der Petersilie bestreuen.

5 Das Fleisch aus der Brühe nehmen, quer zur Faser in Scheiben schneiden und mit den Möhren und Kartoffeln anrichten. Den Meerrettich darüberreiben und nach Belieben mit Schnittlauch bestreuen.

Otto Koch empfiehlt:

» Beim Kauf der Rinder- oder Ochsenbrust sollten Sie unbedingt darauf achten, dass sie gut durchwachsen und abgehangen ist. Nur so erhalten Sie auch ein saftiges und zartes Tellerfleisch. «

– Berlin –

Königsberger Klopse
in Kapernsauce

Zutaten für 4 Personen

Für die Klopse:

200 ml Milch
4 Scheiben Toastbrot
3 Sardellenfilets (in Öl)
2 Zwiebeln
750 g Kalbshackfleisch
3 Eier
2 EL gehackte Petersilie
Salz · Pfeffer aus der Mühle
1 l Fleischbrühe
1 Lorbeerblatt
3 Gewürznelken
4 schwarze Pfefferkörner

Für die Sauce:

60 g Butter · ca. 3 EL Mehl
120 g Sahne · 4 – 6 EL Kapern
3 – 4 EL Zitronensaft
Salz · Pfeffer aus der Mühle

1 Für die Klopse die Milch in einem Topf erhitzen. Das Toastbrot entrinden, in Würfel schneiden und in der heißen Milch einweichen. Die Sardellenfilets trocken tupfen und klein schneiden. Die Zwiebeln schälen und in feine Würfel schneiden.

2 Das Toastbrot ausdrücken und mit den Sardellen und den Zwiebelwürfeln unter das Hackfleisch mischen. Die Eier und die Petersilie hinzufügen und alles zu einem glatten Teig verkneten. Mit Salz und Pfeffer würzen. Aus der Masse mit angefeuchteten Händen 8 Klopse formen.

3 Die Brühe mit dem Lorbeerblatt, den Gewürznelken und den Pfefferkörnern aufkochen. Die Klopse darin bei schwacher Hitze 15 Minuten gar ziehen lassen. Mit dem Schaumlöffel herausnehmen und in einer Schüssel warm stellen. Die Kochbrühe durch ein Sieb passieren.

4 Für die Sauce die Butter in einem Topf erhitzen und das Mehl darin anschwitzen. Nach und nach etwa 3/4 l der Kochbrühe mit dem Schneebesen unterrühren. Die Sauce einige Minuten köcheln lassen. Die Sahne unterrühren und die Kapern hinzufügen. Die Sauce mit Zitronensaft, Salz und Pfeffer würzig abschmecken.

5 Die Klopse in die Sauce geben und einige Minuten ziehen lassen. Mit Salzkartoffeln servieren.

Vincent Klink empfiehlt:

» Meine Oma stammt aus Stettin, und so kamen diese köstlichen Fleischklopse in meine Genusswelt. Am besten reicht man dazu mehligkochende Kartoffeln, die die Sauce richtig schön aufnehmen können. «

– Thüringen –

Thüringer Klöße
mit Rouladen

Zutaten für 4 Personen

Für die Rouladen:

2 Scheiben Frühstücksspeck
2 kleine Zwiebeln
4 Gewürzgurken
4 Rinderrouladen (à ca. 180 g)
Salz · Pfeffer aus der Mühle
ca. 4 TL Senf
1 Bund Suppengemüse
4 EL Öl
1/4 l Rotwein
1/4 l Rinderbrühe
1 Lorbeerblatt
4 Pimentkörner

Für die Klöße:

1 1/2 kg mehligkochende Kartoffeln
1 EL Essig
Salz
1 Brötchen
1–2 EL Butter

1 Für die Rouladen die Speckscheiben quer halbieren. Die Zwiebeln schälen und in feine Ringe schneiden. Die Gurken längs vierteln. Die Rouladen mit Salz und Pfeffer würzen, mit dem Senf bestreichen. Mit Speck, Zwiebeln und Gurken belegen. Die Rouladen von der schmalen Seite her fest aufrollen und die Enden mit Holzspießchen feststecken.

2 Das Suppengemüse putzen und waschen bzw. schälen und in Stücke schneiden. Die Rouladen in einer Pfanne im Öl rundum anbraten, herausnehmen. Das Gemüse im Bratfett anbraten. Mit Wein und Brühe ablöschen. Die Rouladen, Lorbeerblatt und Pimentkörner dazugeben. Alles zugedeckt bei schwacher Hitze etwa 1 1/2 Stunden garen.

3 Für die Klöße Kartoffeln schälen und waschen. Etwa zwei Drittel der Kartoffeln fein reiben. Den Essig mit 5 EL warmem Wasser mischen, über die geraspelten Kartoffeln geben und einmal umrühren. Ein Sieb mit einem Küchentuch auslegen, die Kartoffeln hineingeben und fest ausdrücken, dabei den Kartoffelsaft auffangen. Die übrigen Kartoffeln klein schneiden, in einem Topf mit etwa 350 ml Wasser knapp bedecken, 1/2 TL Salz dazugeben. Zugedeckt etwa 20 Minuten weich garen.

4 Das Brötchen in etwa 1 cm große Würfel schneiden. Die Butter in einer Pfanne erhitzen und die Brötchenwürfel darin goldbraun braten. Die gegarten Kartoffeln im Topf mit dem Kochwasser zu einem etwas dünneren, klümpchenfreien Brei stampfen.

5 Die rohen Kartoffeln in einer Schüssel auflockern und mit 1 TL Salz würzen. Den Kartoffelsaft vorsichtig abgießen, dabei die Stärke am Boden zurückbehalten und zu den rohen Kartoffeln geben. Den Kartoffelbrei unter Rühren blubbernd aufkochen. Den sehr heißen Brei mit dem Kochlöffel unter die geriebenen Kartoffeln schlagen, so werden die rohen Kartoffeln vom Brei erwärmt (»gebrüht«). Aus der Masse mit angefeuchteten Händen etwa 8 Klöße formen, dabei jeweils 3 bis 4 Brötchenwürfel in die Mitte geben. In einem großen Topf reichlich Salzwasser aufkochen. Die Klöße darin bei sehr schwacher Hitze 15 bis 20 Minuten gar ziehen lassen.

6 Die Rouladen aus der Sauce nehmen, warm halten. Die Sauce durch ein Sieb in einen Topf passieren, nach Belieben etwas einkochen oder leicht binden. Mit Salz und Pfeffer würzen.

7 Die Klöße aus dem Wasser nehmen und mit den Rouladen und der Sauce anrichten.

EIN WOHLGEHÜTETES GEHEIMNIS

Klöße aus rohen Kartoffeln zuzubereiten ist eine Kunst. Das wissen auch die Thüringer und nennen ihre Spezialität daher mancherorts »Hütes«, womit sie einer Legende nach daran erinnern wollen, gut auf die Rezeptur und die Zubereitungsart aufzupassen: »Hüt es!« Tatsächlich gibt es viele Varianten der Thüringer Klöße, und welche das »Original« ist, bleibt bis heute ein Geheimnis.

Otto Koch empfiehlt:

» Bevor Sie Knödel zum Garen in heißes Wasser geben, sollten Sie sicherheitshalber zunächst eine Probe machen. Für den Fall, dass der ›Versuchsknödel‹ nicht zusammenhält, einfach noch etwas Kartoffelmehl unter den Knödelteig mischen. «

– Nordrhein-Westfalen –

Rheinischer Sauerbraten
mit Rosinen

1. Platz
daheim unterwegs

Zutaten für 4 Personen

Für die Marinade:

1 Bund Suppengemüse
1/8 l Weinessig
1/8 l Rotwein
3 Gewürznelken
8 schwarze Pfefferkörner
1 Lorbeerblatt
4 Wacholderbeeren
Zucker

Für den Sauerbraten:

1 kg Rindfleisch (vom dicken Bug)
Salz · Pfeffer aus der Mühle
3 EL Butterschmalz
1 – 2 Sauerbraten-Printen (ersatzweise Saucenlebkuchen)
1 EL Apfelkraut (süßer Brotaufstrich; aus dem Reformhaus)
100 g Rosinen (oder Korinthen)

1 Für die Marinade 2 bis 4 Tage zuvor das Suppengemüse putzen und waschen bzw. schälen und in Stücke schneiden. Das Gemüse mit dem Essig, dem Wein, 1 l Wasser, den Gewürznelken, den Pfefferkörnern, dem Lorbeerblatt, den Wacholderbeeren und 1 Prise Zucker aufkochen. Etwas abkühlen lassen und die noch leicht warme Marinade über das Fleisch gießen. Das Fleisch 2 bis 4 Tage in der Marinade im Kühlschrank ziehen lassen, dabei das Bratenstück gelegentlich wenden.

2 Für den Sauerbraten das Fleisch aus der Marinade nehmen, trocken tupfen und mit Salz und Pfeffer würzen. Die Marinade durch ein Sieb in eine Schüssel gießen.

3 Das Butterschmalz in einem Bräter erhitzen und das Fleisch darin rundum anbraten. Das Gemüse aus der Marinade hinzufügen und kurz mitbraten. Mit etwa der Hälfte der Marinade ablöschen. Die Printen zerbröseln und hinzufügen. Den Sauerbraten zugedeckt bei schwacher bis mittlerer Hitze etwa 1 1/2 Stunden schmoren.

4 Den Sauerbraten aus der Sauce nehmen und warm halten. Die Sauce durch ein Sieb in einen Topf passieren, dabei das Gemüse gut ausdrücken. Das Apfelkraut unterrühren. Die Rosinen in einem Sieb heiß abbrausen, abtropfen lassen und in die Sauce geben. Die Sauce kurz aufkochen lassen und mit Salz und Pfeffer abschmecken. Das Fleisch aufschneiden und mit der Sauce servieren. Dazu schmecken Kartoffelklöße (siehe z.B. S. 66 und 98) oder Kartoffelpuffer (siehe S. 129).

SAUER(BRATEN) MACHT LUSTIG

Bei solch gutem Essen wundert es kaum, dass die Rheinländer für ihre Frohnatur bekannt sind. Das Besondere am rheinischen Sauerbraten ist die süßsaure Note, die durch die Zugabe von Rosinen, Apfel- oder Rübenkraut und Gebäck (Printen oder Lebkuchen) zustandekommt. In manchen Orten serviert man neben Klößen auch noch Apfelmus dazu. Früher war es zudem üblich, Pferdefleisch für den Sauerbraten zu verwenden, heute ist dies jedoch nur noch selten der Fall.

Jacqueline Amirfallah empfiehlt:

» Alternativ zum Apfelkraut kann man auch Rübensirup verwenden. Die Sauce schmeckt außerdem sehr gut mit getrockneten Apfelringen und getrockneten Aprikosen. Einfach einen Teil der Rosinen – oder auch alle – dadurch ersetzen. «

– Baden-Württemberg –

Zwiebelrostbraten
mit Rotwein

1. Platz Kaffee oder Tee – Der SWR Nachmittag

Zutaten für 4 Personen

4 Rumpsteaks (à ca. 200 g; mit Fettrand)
ca. 2 EL Öl
4 Zwiebeln
3 EL Butter
1 TL Zucker (oder Puderzucker)
1 Zweig Thymian
1 EL Tomatenmark
1/4 l Rotwein
2 EL Aceto balsamico
Salz · Pfeffer aus der Mühle
getrockneter Majoran
2 EL Butterschmalz
1/8 l Fleisch- oder Hühnerbrühe

1 Die Rumpsteaks waschen, trocken tupfen, mit dem Öl bestreichen und zugedeckt kühl stellen.

2 Die Zwiebeln schälen und in feine Streifen oder dünne Spalten schneiden. In einer Pfanne 2 EL Butter erhitzen, die Zwiebeln darin goldbraun braten und beiseitestellen.

3 Die restliche Butter in einem Topf erhitzen und den Zucker darin leicht karamellisieren. Den Thymianzweig waschen und trocken tupfen. Mit dem Tomatenmark in den Topf geben und unter Rühren bei schwacher Hitze leicht andünsten. Mit dem Wein und dem Essig ablöschen und kurz köcheln lassen. Die gebratenen Zwiebeln hinzufügen und alles kurz aufkochen. Mit Salz, Pfeffer und 1 Prise Majoran würzen und warm halten.

4 Den Fettrand der Rumpsteaks mehrmals einschneiden. Die Steaks vorsichtig flach klopfen, mit Salz und Pfeffer würzen. Das Butterschmalz in einer großen Pfanne erhitzen. Die Steaks darin bei mittlerer bis starker Hitze auf beiden Seiten braun anbraten, aus der Pfanne nehmen, in Alufolie wickeln und warm halten.

5 Den Bratenansatz in der Pfanne mit der Brühe ablöschen und etwa 10 Minuten einkochen lassen. Die Rotweinzwiebeln (ohne den Thymian) in die Pfanne geben und aufkochen. Die Zwiebelsauce nach Belieben mit etwas kalt angerührter Speisestärke binden und mit Salz und Pfeffer würzen.

6 Die Steaks mitsamt dem ausgetretenen Fleischsaft in die Zwiebelsauce geben und bei sehr schwacher Hitze weitere 5 Minuten ziehen lassen. Den Zwiebelrostbraten auf Tellern anrichten und nach Belieben mit Schnittlauchröllchen bestreuen. Dazu schmecken Spätzle (siehe S. 144 und 145) oder Bratkartoffeln (siehe S. 121).

NOT MACHT ERFINDERISCH

Wie fast überall war Fleisch früher auch in Schwaben eine Rarität. In puncto Eierteigwaren, Mehlspeisen und Kartoffelgerichten war man dafür besonders kreativ. Zwar nicht mit Fleisch, dafür mit einem anderen gebratenen Begleiter, kommen diese Gerichte bis heute auf den Tisch: Im Allgäu und im »Schwabenländle« liebt man reichlich angebräunte Zwiebeln, ob auf den Kässpätzle (bzw. Kasspatzn) oder den Maultaschen. Und manchmal eben auch auf einem ganz edlen Stück Fleisch.

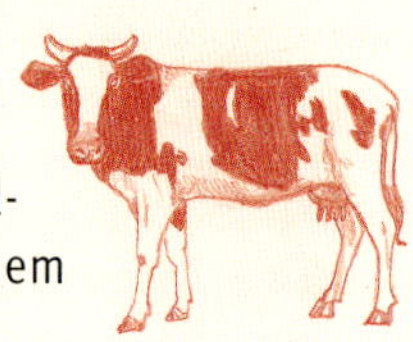

Vincent Klink empfiehlt:

» Bitte nicht vergessen, dem Rostbraten den Fettrand zu lassen und das Fleisch dünn zu klopfen. Durch das Klopfen vergrößert sich die Röstfläche, und die ist wichtig, will das Stück Fleisch seinem Namen alle Ehre machen. «

Geflügel & Wild

Geflügel & Wild – Festtagssaison

Bei Geflügelfleisch ist Hygiene besonders wichtig, um eine Verunreinigung durch Keime zu vermeiden. Tiefgefrorenes Geflügel legt man zum Auftauen am besten auf ein Gitter, damit die Flüssigkeit abtropfen kann. Hände, Arbeitsutensilien und Fleisch sollten gut gewaschen und das Fleisch immer durchgegart werden. Wenn das Tier dann noch aus artgerechter Haltung stammt, steht einem unbeschwerten Genuss nichts mehr im Wege – zumal Geflügelfleisch meist sehr mager ist. Auch Wild ist relativ fettarm. Und wie Gemüse hat es eine Saison, denn gejagt wird vor allem im Herbst und Winter. Reh gibt es allerdings schon ab Mai, und Hasen und Kaninchen findet man nicht nur auf freier Wildbahn, sondern auch domestiziert.

1 Kaninchen haben ein helles, mageres Fleisch, das dem von Geflügel ähnelt und leicht verdaulich ist.

2 Hasen haben eher dunkles Fleisch. Es eignet sich zum Braten und Schmoren und für Ragouts.

3 Rehfleisch ist vor allem deshalb eine Delikatesse, weil das Reh selbst ein Feinschmecker ist: Je nach Saison äst es nur die besten Kräuter und Knospen.

4 Ein **Huhn** mit einem Gewicht von über 1,2 kg nennt man Poularde, darunter ist es ein Hähnchen; kleine Exemplare kommen als Stubenküken in den Handel.

5 Enten sind Wasservögel und haben daher eine dickere Fettschicht unter der Haut. Flugenten sind etwas magerer und schmecken mehr nach Wild.

6 Auch **Gänse** gehören zum fetteren und zudem zum größeren Geflügel. Im Ganzen sind sie – so wie Pute – ein beliebtes Festtagsessen für mehrere Personen.

Gefülltes Geflügel verschließen

Mit einem zerknüllten Stück Back- oder Pergamentpapier die Öffnung des gefüllten Geflügels verstopfen. So bleibt die Füllung im Inneren.

Das Fleisch an den Seiten der Öffnung mit Holzspießchen quer durchstechen. Küchengarn kreuzweise um die Holzspieße wickeln und am Ende verknoten.

Eine zweite Möglichkeit: Die Öffnung mit einer dicken Näh- oder Fleischnadel mit Küchengarn zunähen.

Brathähnchen zubereiten

Das Hähnchen innen und außen waschen und trocken tupfen. Innen mit Salz würzen. Den Backofen auf 160 °C vorheizen.

Je 1/2 unbehandelte Orange und Zitrone heiß waschen und in Stücke schneiden. Mit 1 bis 2 Rosmarinzweigen mischen und das Hähnchen damit füllen.

Auf dem Ofengitter 1 1/4 Stunden garen. Die Hitze auf 200 °C erhöhen, nochmals 20 bis 30 Minuten garen. Ab und zu mit flüssiger Butter bepinseln.

Rehrückenfilet braten

So gelingt ein Rehrückenfilet einfach und schnell: Den Backofen auf 100 °C vorheizen. Das Filet in einer Pfanne in 1 EL Öl rundum anbraten.

Das Filet auf ein Ofengitter (mit einem Abtropfblech darunter) legen. Auf der mittleren Schiene 30 bis 40 Minuten rosa garen und herausnehmen.

1 EL Butter erhitzen, mit Salz, Pfeffer, Wacholderbeeren, Pimentkörnern, Lorbeerblatt, Orangenschale, Rosmarin würzen. Das Filet kurz darin wenden.

– Rheinland-Pfalz –

Entenbraten
mit Rotkraut und Kastanien

Zutaten für 4 Personen

Für den Rotkohl:

1 kleiner Rotkohl (ca. 1 kg)
100 ml Rotweinessig · Salz
Zucker · 1 säuerlicher Apfel
1 Zwiebel · 2 EL Schweine- oder Gänseschmalz · 1/4 l Rotwein
100 ml Fleischbrühe · 1/2 Zimtstange · 1 Gewürznelke
1 kleines Lorbeerblatt

Für die Ente und die Sauce:

2 Zweige Thymian · 3 Zwiebeln
2 säuerliche Äpfel · 1/2 TL Beifuß
1 Bauernente (2 1/2 kg; küchenfertig) · Salz · Pfeffer aus der Mühle · 1 Bund Suppengemüse
1 EL Öl · 1 EL Tomatenmark
300 ml Rotwein

Für die Esskastanien:

1 Schalotte · 3 EL Butter
250 g Esskastanien (Maronen; vorgegart und geschält)
2 EL Puderzucker
je 100 ml Hühnerbrühe und Apfelsaft · Salz

1 Für den Rotkohl den Kohl putzen, waschen, vierteln und in feine Streifen schneiden oder hobeln. Mit dem Essig, je 1 TL Salz und Zucker mischen. Zugedeckt mindestens 2 Stunden ziehen lassen.

2 Für die Ente den Backofen auf 180 °C vorheizen. Den Thymian waschen, trocken schütteln und die Blätter abzupfen. Die Zwiebeln schälen, die Äpfel waschen und entkernen, beides in Würfel schneiden und mit Thymian und Beifuß mischen. Die Ente waschen, trocken tupfen, die Flügelspitzen abtrennen, grob hacken und beiseitestellen. Die Ente innen und außen mit Salz und Pfeffer einreiben. Mit der Apfel-Zwiebel-Mischung füllen. Die Öffnung mit Küchengarn zunähen (siehe S. 107).

3 Die Ente mit der Brustseite nach unten in einen Bräter legen. 1/2 l heißes Wasser angießen. Die Ente im Ofen auf der mittleren Schiene etwa 2 Stunden goldbraun braten. Nach 1 Stunde Garzeit die Ente umdrehen und mehrfach mit dem Bratenfond übergießen.

4 Das Suppengemüse putzen und waschen bzw. schälen und in kleine Würfel schneiden. Das Öl einem Topf erhitzen. Die Flügelstücke und das Gemüse darin anbraten. Das Tomatenmark kurz mitrösten, mit dem Wein ablöschen und etwa 30 Minuten leicht köcheln lassen.

5 Für den Rotkohl den Apfel und die Zwiebel schälen. Apfel entkernen, mit der Zwiebel reiben und in einem Topf im Schmalz andünsten. Mit 1 EL Zucker bestreuen, den Kohl und den entstandenen Saft dazugeben. Den Wein, die Brühe, Zimt, Nelke und Lorbeerblatt hinzufügen. Den Rotkohl zugedeckt bei schwacher Hitze 30 Minuten schmoren.

6 Für die Esskastanien die Schalotte schälen und in feine Würfel schneiden. Die Butter in einer Pfanne erhitzen, die Schalotte darin andünsten. Die Kastanien dazugeben, mit Puderzucker bestäuben und karamellisieren. Mit Brühe und Apfelsaft ablöschen. Kastanien etwa 10 Minuten köcheln lassen, bis die Sauce fast eingekocht ist. Mit Salz würzen.

7 Die Ente aus dem Ofen nehmen, zerlegen und die Entenstücke im ausgeschalteten Ofen warm halten. Den Entenfond aus dem Bräter entfetten, mit der Rotweinsauce durch ein Sieb in einen Topf gießen, dabei das Gemüse gut ausdrücken. Aufkochen, nach Belieben leicht binden und mit Salz und Pfeffer abschmecken. Den Rotkohl eventuell nachwürzen. Die Ententeile mit Rotkohl, Kastanien und der Sauce servieren.

»KARTOFFEL DES SÜDENS«

Ente ist ein beliebter Braten, der alles zu bieten hat, was das »Festtagsherz« begehrt: saftige Keulen mit knuspriger Haut, zarte Bruststücke und nach Belieben eine fruchtige Füllung. Im Herbst liegt in Rheinland-Pfalz die passende Beilage auf der Hand: »Keschde«, also Esskastanien, gibt es jetzt in Hülle und Fülle zu kaufen, aber auch selbst zu sammeln.

Michael Kempf empfiehlt:

» Das Rotkraut bekommt eine besondere Note, wenn man es mit Johannisbeergelee und Orangenschale abschmeckt. Und anstatt der Maronen kann man im Winter auch Mandarinenspalten mit gerösteten Haselnüssen, Honig, Grand Marnier und Orangensaft glasieren. «

– Hamburg –

Vierländer Ente
mit Pilzen und Kirschen

Zutaten für 4 Personen

Für die Ente und die Sauce:
2 Vierländer Enten (à ca. 2 kg; küchenfertig)
Salz · Pfeffer aus der Mühle
1 Bund Suppengemüse
500 g Entenklein
1 EL Öl · 1 EL Tomatenmark
150 ml Weißwein · 1/2 l Hühnerbrühe · 2 Lorbeerblätter
4 Pfefferkörner · 1 Zweig Salbei

Für die Pilze:
500 g Pfifferlinge
2 – 3 Schalotten · 60 g Butter

Für die Kirschen:
20 Kirschen · 1 Schalotte
1 EL Butter · 1 EL Puderzucker
6 cl Cassis-Kirsch-Likör
2 EL Kirschgelee · Salz

1 Den Backofen auf 210 °C vorheizen. Die Enten waschen und trocken tupfen. Innen und außen mit Salz und Pfeffer würzen und dressieren. Ein tiefes Backblech mit 1 l Wasser auf die untere Schiene schieben, die Enten auf dem Ofengitter auf der mittleren Schiene 1 bis 1 1/4 Stunden braten.

2 Für die Sauce das Suppengemüse putzen und waschen bzw. schälen und in kleine Würfel schneiden. Mit dem Entenklein in einem Topf im Öl anbraten. Das Tomatenmark kurz mitrösten, mit dem Wein und der Brühe ablöschen und etwa 1 Stunde köcheln. Nach 30 Minuten Lorbeerblätter und Pfefferkörner hinzufügen. Die Sauce passieren und auf etwa 150 ml einkochen. Den gewaschenen Salbei kurz darin ziehen lassen.

3 Für die Pilze die Pfifferlinge putzen, die Schalotten schälen und in feine Würfel schneiden. Die Butter erhitzen, die Pilze bei mittlerer Hitze etwa 3 Minuten braten, die Schalotten hinzufügen und kurz mitdünsten.

4 Die Kirschen waschen und entsteinen. Die Schalotte schälen, in feine Würfel schneiden und in einer Pfanne in Butter andünsten. Mit dem Puderzucker bestäuben. Die Kirschen darin kurz schwenken, mit dem Likör ablöschen. Das Gelee unterrühren und mit Salz würzen.

5 Nach Belieben etwas Schnittlauch unter die Pilze rühren. Die Enten mit den Pilzen, den Kirschen und der Sauche anrichten.

Karlheinz Hauser empfiehlt:

» Wenn Sie die Enten vor dem Braten kurz in kochendem Wasser blanchieren, bekommen sie eine schönere Farbe. Und sie werden noch krosser! «

– Mecklenburg-Vorpommern –

Pommersche Gänsekeulen
mit Backpflaumen

Zutaten für 4 Personen
ca. 12 Backpflaumen
1 Bund Suppengemüse
3 EL Öl · 1 EL Tomatenmark
1 EL Puderzucker
1/4 l Rotwein
1/2 l Hühnerbrühe
4 Gänsekeulen (à 450 – 500 g)
2 EL zerlassene Butter
Salz
1 Knoblauchzehe
1 Lorbeerblatt
4 Pimentkörner
1/2 TL schwarze Pfefferkörner
1/2 Apfel
1 Streifen unbehandelte Zitronenschale
Pfeffer aus der Mühle
getrockneter Majoran

1 Die Backpflaumen mit 100 ml heißem Wasser übergießen, ziehen lassen. Das Gemüse putzen und waschen bzw. schälen und in kleine Würfel schneiden. Das Gemüse in einem Bräter im Öl anbraten, das Tomatenmark kurz mitrösten. Mit dem Puderzucker bestäuben. Etwa 100 ml Wein angießen und einkochen lassen. Restlichen Wein und die Brühe hinzufügen und auf die Hälfte einkochen. Den Backofen auf 150 °C vorheizen.

2 Die Gänsekeulen waschen, trocken tupfen und mit der Butter bestreichen. Die Keulen mit Salz würzen und auf den Saucenansatz im Bräter legen. Im Ofen etwa 3 1/2 Stunden weich schmoren. Nach etwa 2 3/4 Stunden die geschälte Knoblauchzehe, das Lorbeerblatt, die Piment- und die Pfefferkörner dazugeben.

3 Die Keulen aus dem Bräter nehmen und warm halten. Den Saucenansatz eventuell entfetten und durch ein Sieb in einen kleinen Topf gießen, dabei das Gemüse gut ausdrücken. Den Apfel schälen, entkernen und in feine Würfel schneiden. Mit den Backpflaumen und dem Einlegewasser zur Sauce geben. Die Pflaumensauce kurz köcheln lassen und nach Belieben leicht binden. Die Zitronenschale 2 Minuten in der Sauce ziehen lassen und wieder entfernen. Die Pflaumensauce mit Salz, Pfeffer und 1 Prise Majoran würzen. Die Gänsekeulen mit der Pflaumensauce anrichten. Nach Belieben Klöße (siehe z.B. S. 66 oder 121) dazu servieren.

Jörg Sackmann empfiehlt:

» Wichtig beim Garen ist, dass die Keulen während des gesamten Garprozesses im Sud liegen, damit sie die Flüssigkeit aufnehmen können. Kurz vor dem Servieren mit Puderzucker bestäuben nennt man ›cassonieren‹. Das gibt der Gans Glanz und eine schöne Farbe. Man kann auch Honig dazu nehmen. «

– Bayern –

Kirchweihgans
mit Apfel-Zwiebel-Füllung

Zutaten für 6–8 Personen

1 Apfel · 4 Zwiebeln
Salz · Pfeffer aus der Mühle
2 EL gehackte Petersilie
2 EL gehackter Liebstöckel
1 TL getrockneter Majoran
1/2 TL getrockneter Beifuß
1 Freilandgans (4–5 kg; küchenfertig)
ca. 80 g zerlassene Butter
1 Möhre
1/4 Sellerieknolle
1 EL Öl
1 EL Tomatenmark
1/4 l Rotwein
1 l Hühnerbrühe (oder Geflügelfond)
1 Knoblauchzehe
1 Streifen unbehandelte Orangenschale
1 Zweig Majoran

1 Den Backofen auf 150 °C vorheizen. Für die Füllung den Apfel vierteln, schälen, das Kerngehäuse entfernen und die Apfelviertel in Würfel schneiden. Drei Zwiebeln schälen und ebenso klein schneiden. Beides mit Salz, Pfeffer, Petersilie, Liebstöckel, Majoran und Beifuß mischen. An der Gans Federkielansätze und sichtbares Fett entfernen. Hals und Flügelspitzen abschneiden, in Stücke schneiden und für die Sauce beiseitelegen. Die Gans außen und innen waschen und mit Küchenpapier trocken tupfen. Die Flügel auf den Rücken drehen. Die Gans innen großzügig mit Salz und Pfeffer einreiben und die Bauchhöhle mit der Apfel-Zwiebel-Gewürz-Mischung füllen. Die Öffnung mit kleinen Holzspießchen verschließen (siehe S. 107).

2 Die Gans unterhalb der recht fetthaltigen Keulen mehrmals mit einer Gabel oder Kochnadel einstechen, damit das Fett beim Garen auslaufen kann. Ein Abtropfblech auf die unterste Schiene schieben und ein Ofengitter daraufsetzen. Die Gans auf das Ofengitter legen und im Ofen 3 bis 4 Stunden goldbraun garen. Die zerlassene Butter mit etwas Salz würzen und die Gänsebrust regelmäßig damit bestreichen.

3 Für die Sauce die restliche Zwiebel schälen, die Möhre und den Sellerie putzen und waschen bzw. schälen. Alles in kleine Würfel schneiden. Das Öl in einem Topf erhitzen, die Hals- und Flügelstücke anbraten, die Gemüsewürfel hinzufügen und kurz mitdünsten. Das Tomatenmark dazugeben und kurz mitrösten. Mit 100 ml Wein ablöschen und alles sirupartig einkochen lassen. Den restlichen Wein und die Brühe angießen. Die Sauce bei schwacher Hitze etwa 1 Stunde köcheln lassen, durch ein Sieb in einen Topf passieren, dabei das Gemüse gut ausdrücken. Die Sauce auf etwa 1/2 l einkochen. Den geschälten Knoblauch, die Orangenschale und den Majoranzweig in der Sauce etwa 10 Minuten ziehen lassen und wieder entfernen. Nach Belieben die Sauce binden, mit Salz und Pfeffer würzen.

4 Die Gans aus dem Ofen nehmen und tranchieren. Etwas Bratfett vom Abtropfblech in die Sauce rühren. Die Sauce eventuell noch mal nachwürzen und zur Gans servieren. Dazu schmecken Rotkraut (siehe S. 108) und Knödel (siehe z. B. S. 66 oder 121).

FESTTAGSESSEN MIT TRADITION

Von Kerb bis Kirmes – Kirchweih wird vielerorts in Deutschland gefeiert. Wann und unter welchem Namen, ist jedoch regional höchst unterschiedlich. »Kirta« nennt sich das Fest in Bayern und findet immer am dritten Sonntag im Oktober statt. Das »Ganserl« und die Kirchweihnudeln – runde Hefeteigteilchen, die in Schmalz ausgebacken werden – sind traditionelle Gerichte zu diesem Anlass.

Otto Koch empfiehlt:

» Achten Sie beim Kauf der Gans unbedingt darauf, dass diese schon einige Tage abgehangen ist. Dann wird das Fleisch beim Braten viel zarter. «

– Hessen –

Dippehas
(Geschmorter Hase im Topf)

Zutaten für 4 Personen

6 – 8 küchenfertige Hasenteile (insg. 1,75 kg; z.B. Keule, Rücken)
350 g frischer Schweinebauch
3 – 4 Zwiebeln
2 Knoblauchzehen
Salz · Pfeffer aus der Mühle
Mehl zum Wenden
1/2 l Rotwein
2 Lorbeerblätter
3 Gewürznelken
5 Wacholderbeeren
100 g geriebenes Schwarzbrot
1 EL schwarzes Johannisbeergelee

1 Die Hasenteile waschen und trocken tupfen. Den fetten Teil des Schweinebauchs in sehr kleine Würfel schneiden und in einem Bräter bei schwacher Hitze auslassen, auf Küchenpapier abtropfen lassen. Den restlichen Schweinebauch in mundgerechte Stücke schneiden. Die Zwiebeln und den Knoblauch schälen, die Zwiebeln in feine Würfel schneiden.

2 Den Backofen auf 200° vorheizen. Die Hasenteile mit Salz und Pfeffer würzen und im Mehl wenden. Überschüssiges Mehl abklopfen. Die Hasenteile im verbliebenen Speckfett im Bräter portionsweise rundum anbraten, herausnehmen. Die Schweinebauchstücke, die Zwiebelwürfel und Knoblauchzehen im Bräter bei schwacher bis mittlerer Hitze anbraten. Mit dem Wein ablöschen. Lorbeerblätter, Gewürznelken und angedrückte Wacholderbeeren in einen Einweg-Teebeutel füllen, mit den Hasenteilen und dem Brot in die Sauce geben. Aufkochen lassen und den Dippehas zugedeckt im Ofen auf der mittleren Schiene 1 bis 1 1/2 Stunden schmoren.

3 Die Hasenteile und die Bauchfleischstücke aus dem Bräter nehmen, warm halten. Die Gewürze wieder entfernen. Das Johannisbeergelee in die Sauce rühren. Die Sauce unter Rühren kurz aufkochen, mit Salz und Pfeffer würzen und nach Belieben durch ein Sieb passieren. Das Fleisch wieder in die Sauce geben und mit den knusprigen Bauchfleischwürfeln bestreuen.

Michael Kempf empfiehlt:

» Als Beilage schmecken dazu ganz klassisch Kartoffelklöße und Rotkraut. Meine persönliche Lieblingsbeilage sind böhmische Hefeknödel, in Scheiben geschnitten und angebraten. Für die böhmischen Hefeknödel wird ein salziger Hefeteig mit Würfeln von gerösteten Weißbrotscheiben, Zwiebel, Speck und gehackter Petersilie gemischt und in einer Serviette im Wasserbad gegart. «

– Nordrhein-Westfalen –

Döppekooche mit Kaninchen
(Kartoffelkuchen aus dem Topf)

Zutaten für 4 Personen

Für den Döppekooche:

1 Brötchen (vom Vortag)
1 kg Kartoffeln · 2 Eier
Salz · Pfeffer aus der Mühle
frisch geriebene Muskatnuss
150 g durchwachsener Räucherspeck (am Stück)
2 EL Butter

Für das Kaninchen:

4 Kaninchenrücken (à ca. 300 g; mit Knochen)
1 EL Öl · je 50 g Zwiebel, Möhre und Knollensellerie (alles gewürfelt) · 1 EL Tomatenmark
1/4 l Rotwein · 400 ml Kalbsfond
100 g Sahne · Senf
Salz · Pfeffer aus der Mühle
Kräuter der Provençe
8 dünne Scheiben durchwachsener Speck

1 Für den Döppekooche den Backofen auf 220 °C vorheizen. Das Brötchen in Wasser einweichen. Die Kartoffeln schälen, waschen und grob reiben. Mit den Eiern und dem ausgedrückten, klein gezupften Brötchen mischen. Mit Salz, Pfeffer und 1 bis 2 Prisen Muskatnuss kräftig würzen.

2 Den Speck in kleine Würfel schneiden und in einem Bräter in der Butter knusprig braten. Die Kartoffelmasse darauf verteilen und im Ofen auf der mittleren Schiene etwa 1 Stunde knusprig backen.

3 Das Fleisch vom Knochen lösen. Die Knochen und eventuell vorhandene Bauchlappen für die Sauce in einem Topf im Öl etwa 5 Minuten anbraten. Die Gemüsewürfel kurz mitbraten. Das Tomatenmark dazugeben und kurz anrösten. Mit Wein und Kalbsfond ablöschen. Die Sauce etwa 10 Minuten köcheln lassen, durch ein Sieb in einen Topf passieren und die Sahne unterrühren. Die Sauce nochmals etwas einkochen, nach Belieben leicht binden. Mit Senf, Salz und Pfeffer abschmecken.

4 Die Kaninchenfilets waschen, trocken tupfen, mit wenig Salz, etwas Pfeffer und Kräutern der Provençe würzen. Die Filets in die Speckscheiben wickeln und 10 Minuten vor Garzeitende des Döppekoochens in einer heißen Pfanne etwa 3 Minuten rundum anbraten. Die Pfanne vom Herd nehmen und die Filets zugedeckt 5 bis 10 Minuten ziehen lassen. Die Kaninchenfilets mit dem Döppekooche und der Sauce anrichten.

Jacqueline Amirfallah empfiehlt:

» Die Sauce können Sie mit Mehlbutter oder auch mit angerührter Kartoffelstärke leicht binden. Wem der Speck zu kräftig ist, der kann die Kaninchenrücken auch in ein blanchiertes Kohlblatt wickeln. Oder man lässt beides weg und brät die Kaninchenrücken dann einfach etwas kürzer. «

– Nordrhein-Westfalen –

Wildgeschnetzeltes
mit Vennbeeren

Zutaten für 4 Personen

750 g Rehkeule (ohne Knochen; küchenfertig)
150 ml Rotwein
1 EL Zucker
50 g Vennbeeren (oder Preiselbeeren; roh oder tiefgekühlt)
100 g Silberzwiebeln (aus dem Glas)
400 g Pfifferlinge
2 Zwiebeln
50 g durchwachsener Räucherspeck (am Stück)
2 EL Butterschmalz
3 EL Butter
1 EL Mehl
1/4 l Fleischbrühe
100 g Sahne
2 Zweige Thymian
Salz · Pfeffer aus der Mühle
ca. 1 EL Zitronensaft

1 Die Rehkeule waschen und gut trocken tupfen. Das Fleisch zuerst in dünne Scheiben, dann in Streifen schneiden.

2 In einem kleinen Topf 100 ml Rotwein mit dem Zucker aufkochen, die Vennbeeren hineingeben und einmal aufkochen lassen. Die Vennbeeren in ein Sieb abgießen, dabei den Rotweinsud auffangen.

3 Die Silberzwiebeln auf einem Sieb abtropfen lassen. Die Pfifferlinge putzen und, falls nötig, mit Küchenpapier trocken abreiben. Die Zwiebeln schälen und in dünne Spalten schneiden. Den Speck in kleine Würfel schneiden.

4 Das Butterschmalz in einer großen Pfanne erhitzen, das Fleisch darin portionsweise anbraten und wieder aus der Pfanne nehmen. In der Pfanne 1 EL Butter erhitzen, die Zwiebelspalten darin andünsten. Mit dem Mehl bestäuben, kurz anschwitzen und mit der Brühe ablöschen. Alles bei schwacher Hitze unter Rühren etwa 2 Minuten köcheln lassen. Den Rotweinsud und den restlichen Rotwein dazugeben. Die Sahne unterrühren. Die Sauce etwa 3 Minuten leicht köcheln lassen, gelegentlich umrühren. Das Rehfleisch mit dem entstandenen Fleischsaft und dem gewaschenen Thymian in die Sauce geben. Das Wildgeschnetzelte zugedeckt bei schwacher Hitze etwa 5 bis 10 Minuten garen.

5 In einer zweiten Pfanne die restliche Butter erhitzen, den Speck bei schwacher Hitze leicht knusprig braten. Die Pfifferlinge hinzufügen und etwa 2 Minuten braten, mit etwas Salz und Pfeffer würzen.

6 Den Thymian wieder entfernen, die Vennbeeren, die Silberzwiebeln und die Pfifferlinge unter das Rehgeschnetzelte mischen und erneut aufkochen. Das Wildgeschnetzelte mit Salz, Pfeffer und Zitronensaft abschmecken. Nach Belieben mit Thymian garnieren.

WILD AUF WILD

Fern vom Meer spielt Fisch in Nordrhein-Westfalen eher eine untergeordnete Rolle, Fleisch dafür eine umso größere. Und in den waldreichen Regionen bietet Wild eine willkommene Alternative zu Schwein, Rind und Lamm. Dazu serviert man mancherorts Vennbeeren, die etwas kleiner sind als die herkömmlichen Preiselbeeren und im Moorgebiet des Hohen Venns wachsen, einer Hochfläche zwischen Deutschland und Belgien.

Jacqueline Amirfallah empfiehlt:

» Dazu passen gekochte Quitten: 2 Quitten vierteln, schälen, entkernen und quer in Scheiben schneiden. Mit etwa 300 ml Apfelsaft aufkochen und bei schwacher Hitze etwa 10 Minuten köcheln lassen. Die Quitten im Sud abkühlen lassen, herausnehmen und abtropfen lassen. «

Kartoffeln

Kartoffeln – bunte Vielfalt

In Deutschland war die Kartoffel zunächst als Zierpflanze bekannt, bevor sie im 18. Jahrhundert als Nahrungsmittel eine Rolle zu spielen begann. Ihrem Verzehr stand man lange skeptisch gegenüber. Heute ist die nahrhafte Knolle aus deutschen Küchen nicht mehr wegzudenken. Ihre Namen sind dabei so vielfältig wie die Sorten und Zubereitungsarten: Man nennt sie Erdapfel, Grundbirne, Grummbeere, Tüffel oder Töfte. Ihre Sorten werden unterteilt in mehligkochende, die sich für Püree und Klöße eignen, vorwiegend festkochende – ideal für Pell- und Salzkartoffeln – und festkochende, die wunderbare Salate und Bratkartoffeln ergeben. Die Kartoffel liefert hochwertiges Eiweiß, viel Vitamin C sowie die Vitamine B_1 und B_2.

1 Die sehr festkochende **Sieglinde** ist die älteste zugelassene Kartoffelsorte in Deutschland.
2 **Nicola** ist ein echtes Allroundtalent. Nur für Püree eignet sich ihr festes, gelbes Fleisch nicht so gut.
3 Das **Bamberger Hörnchen** (oder Hörnla), eine alte Sorte aus Franken, ist die perfekte Salatkartoffel.
4 **Belana** gehört zu den festkochenden, frühreifen Kartoffelsorten und lässt sich besonders gut lagern.
5 Die eher mehlige **Bintje** findet häufig bei Pommes frites und Chips, aber auch als Püree Verwendung.
6 Kurzzeitig vom Markt verschwunden, ist die beliebte aromatische **Linda** heute wieder erhältlich.
7 Merkmal der **Laura** ist ihre rote Schale. Sie ist vorwiegend festkochend und hat tiefgelbes Fruchtfleisch.
8 Der eher seltene **Blaue Schwede** (auch Blue Congo) hat einen leicht süßlichen, leicht nussigen Geschmack.

Halb rohe Kartoffelklöße zubereiten

Einen Teil der Kartoffelmenge (1/3 bis 1/2) in Salzwasser weich garen, pellen und durch die Kartoffelpresse drücken.

Die übrigen Kartoffeln schälen und fein reiben. In einem Küchentuch ausdrücken, dabei den Saft auffangen. Abgießen, bis nur die Stärke zurückbleibt.

Alles mit Stärke, Eiern und Salz zu einem glatten Teig kneten. Mit angefeuchteten Händen kleine Knödel formen. In Salzwasser 20 Minuten gar ziehen lassen.

Bratkartoffeln zubereiten

Kartoffeln in Salzwasser weich garen, vollständig abkühlen lassen und pellen. In Scheiben schneiden und in reichlich Öl goldbraun braten.

Speck und Zwiebeln in kleine Würfel schneiden. Zu den Bratkartoffeln geben und kurz mitbraten. Mit Salz und Pfeffer würzen.

Das Öl aus der Pfanne mit etwas Küchenpapier aufsaugen oder abgießen. Ein kleines Stück Butter und nach Belieben Kräuter zu den Kartoffeln hinzufügen.

Kartoffelpüree auf dreierlei Art

Kartoffelpüree kann man auf verschiedene Arten zubereiten. Für eine gröbere Konsistenz die Kartoffeln mit dem Stampfer zerdrücken.

Für eine feine Konsistenz eignet sich am besten eine Kartoffelpresse.

Für eine sehr feine Konsistenz, eine Kartoffelmousseline, das Püree nochmals durch ein feines Sieb streichen.

– Rheinland-Pfalz –

Gebreedelde
(Pfälzer Bratkartoffeln mit Leberwurst)

Zutaten für 4 Personen

800 g festkochende Kartoffeln
3 EL Butter
2 Zwiebeln
100 g durchwachsener Räucherspeck (am Stück)
1/4 Bund Petersilie
1 TL getrockneter Majoran
Salz · Pfeffer aus der Mühle
400 g Leberwurst (z.B. Pfälzer Leberwurst)
2 kleine Zweige Rosmarin

1 Die Kartoffeln schälen (Kartoffeln aus der neuen Ernte nur gründlich unter fließendem kaltem Wasser abbürsten) und waschen. Größere Kartoffeln nach Belieben der Länge nach halbieren. Die Kartoffeln quer in dünne Scheiben schneiden.

2 In einer Pfanne 2 EL Butter erhitzen und die Kartoffelscheiben darin zugedeckt bei schwacher Hitze etwa 10 Minuten braten, bis sie auf der Unterseite leicht Farbe angenommen haben.

3 Inzwischen die Zwiebeln schälen und in feine Würfel schneiden. Den Speck in kleine Würfel schneiden. Die Kartoffeln wenden, die Zwiebel- und die Speckwürfel hinzufügen. Die Gebreedelden ohne Deckel bei schwacher bis mittlerer Hitze etwa 15 Minuten braten, bis sie goldbraun sind, dabei ab und zu vorsichtig wenden. Die Petersilie waschen und trocken schütteln. Die Blätter abzupfen und grob hacken. Die Petersilie und den Majoran kurz vor Ende der Garzeit unter die Kartoffeln mischen, mit Salz und Pfeffer würzen.

4 In einer zweiten Pfanne die restliche Butter erhitzen. Die Leberwurst in fingerdicke Scheiben schneiden und in der Pfanne auf der Unterseite braun braten. Den Rosmarin waschen, trocken tupfen und in die Pfanne geben. Die Leberwurstscheiben vorsichtig wenden und in der aromatisierten Rosmarinbutter 1 bis 2 Minuten braten. Vorsichtig aus der Pfanne nehmen, kurz auf Küchenpapier abtropfen lassen und mit den Gebreedelden auf Tellern anrichten.

DER PFÄLZER KARTOFFEL-CODE

Die Pfälzer Küche ist bisweilen eine sehr deftige, die Kartoffel dabei ein wesentlicher Bestandteil vieler Gerichte – und dialektischer Vielfalt. Neben den »Gebreedelden«, den Bratkartoffeln, finden sich auf Pfälzer (und zum Teil auch Saarländer) Speisekarten noch »Gequellde mit weiße Kees«, also Pellkartoffeln mit Quark, »Grumbeersupp un Quetschekuche«, zu Hochdeutsch Kartoffelsuppe und Zwetschgenkuchen, und hinter »Hoorische« verbergen sich Kartoffelklöße (siehe S. 130).

Otto Koch empfiehlt:

» Für dieses Gericht brauchen Sie auf jeden Fall die richtige Leberwurst, die Sie bei einem Metzger Ihres Vertrauens kaufen sollten. Pfälzer Leberwurst ist grob und hat die typische graue Farbe, da sie ohne Pökelsalz hergestellt wird. «

– Saarland –

Dibbelabbes
(Deftige Kartoffelpfanne)

1. Platz Kaffee oder Tee

Zutaten für 4 Personen

1 Zwiebel
2 kleine Stangen Lauch
200 g durchwachsener Räucherspeck (am Stück)
1 1/2 kg vorwiegend festkochende Kartoffeln
2 EL Butterschmalz
2 Eier
Salz · Pfeffer aus der Mühle
frisch geriebene Muskatnuss
1/2 Bund Petersilie

1 Die Zwiebel schälen und in feine Würfel schneiden. Den Lauch putzen, waschen und in feine Ringe schneiden. Den Speck in kleine Würfel schneiden. Die Kartoffeln schälen, waschen, fein reiben und in einem Küchentuch fest ausdrücken, sodass eine trockene Masse entsteht.

2 In einem (gusseisernen) Topf 1 EL Butterschmalz erhitzen, den Speck darin bei schwacher bis mittlerer Hitze knusprig braten. Den Lauch hinzufügen und kurz mitdünsten. Speck und Lauch aus dem Topf nehmen.

3 Die ausgedrückten Kartoffeln in einer Schüssel mit den Händen auflockern. Die Zwiebel, die Speck-Lauch-Mischung und die Eier untermischen. Mit Salz, Pfeffer und 1 bis 2 Prisen Muskatnuss kräftig würzen.

4 Das restliche Butterschmalz zum ausgelassenen Speckfett in den Topf geben und erhitzen. Die Kartoffelmasse hinzufügen und bei schwacher bis mittlerer Hitze etwa 45 Minuten braten, bis die Kartoffeln gar sind. Dabei den Dibbelabbes ab und zu »umschichten«, damit er goldbraune Krüstchen bildet.

5 Die Petersilie waschen und trocken schütteln, die Blätter abzupfen und fein hacken. Kurz vor Ende der Garzeit die Petersilie unter den Dibbelabbes mischen. Dazu passt Apfelmus oder Endiviensalat.

Jörg Sackmann empfiehlt:

» Dieses einfache, aber sehr köstliche Kartoffelgericht kann auf unterschiedliche Weise zubereitet werden. Es gibt sogar ein ›Edelrezept‹, bei dem Kartoffeln, Zwiebeln, Eier und Haferflocken mit dem Kartoffelsaft und der Stärke verrührt werden. Dann werden noch in Butter geschwenkte Steinpilze und Pulver von getrockneten Steinpilzen unter die Masse gemischt oder sogar Trüffeln und Trüffelsaft. «

– Nordrhein-Westfalen –

Puttes
(Rheinische Reibekartoffeln)

Zutaten für 4 Personen
2 kg mehligkochende Kartoffeln
2 Zwiebel
3 – 4 Mettwürstchen
4 Eier
Salz · Pfeffer aus der Mühle
frisch geriebene Muskatnuss
Öl für die Form
6 – 8 Scheiben Schinkenspeck

1 Die Kartoffeln schälen, waschen, auf der Küchenreibe fein reiben und in einem Küchentuch fest ausdrücken, sodass eine trockene Masse entsteht. Die Zwiebel schälen und in feine Würfel schneiden. Die Mettwürstchen in Scheiben schneiden.

2 Die Kartoffelmasse in einer Schüssel etwas auflockern. Die Zwiebelwürfel und die Wurstscheiben mit den Eiern untermischen. Die Masse mit etwas Salz, Pfeffer und 2 Prisen Muskatnuss kräftig würzen. Den Backofen auf 200 °C vorheizen.

3 Eine ofenfeste (gusseiserne) Form mit etwas Öl einfetten. Den Boden mit den Speckscheiben auslegen. Die Kartoffelmasse auf die Speckscheiben in der Form geben und leicht glatt streichen. Den Puttes im Ofen auf der mittleren Schiene 1½ bis 2 Stunden goldbraun backen. Falls die Oberfläche zu dunkel wird, mit Alufolie abdecken.

4 Den Puttes aus dem Ofen nehmen und am Formrand mit einem Messer rundum lösen. Den Puttes vorsichtig auf einen Teller stürzen und wie einen Kuchen in Stücke schneiden. Nach Belieben den Kartoffelkuchen mit Salat oder Apfelmus servieren.

Karlheinz Hauser empfiehlt:

» Zum Auslegen der Form eignet sich nicht nur roher Schinken, wie z.B. Westfälischer oder Schwarzwälder Schinken, Sie können genauso gut gekochten, leicht angeräucherten Schinken dafür verwenden. «

– Nordrhein-Westfalen –

Bergische Pillekuchen
(Kartoffeln mit Pfannkuchenteig)

Zutaten für 4 Personen
1 kg festkochende Kartoffeln
120 g durchwachsener Räucherspeck (am Stück)
2 Zwiebeln
3 EL Öl · Salz
120 g Mehl
4 Eier
200 ml Milch
weißer Pfeffer aus der Mühle
frisch geriebene Muskatnuss
1 TL getrockneter Majoran
je 1/2 Bund Petersilie und Schnittlauch
ca. 4 EL Butterschmalz

1 Die Kartoffeln schälen, waschen und in dünne Streifen schneiden oder hobeln. Die Kartoffeln in einem Sieb kalt abbrausen, abtropfen lassen und mit Küchenpapier trocken tupfen. Den Speck in feine Würfel schneiden. Die Zwiebeln schälen und ebenso in feine Würfel schneiden.

2 Das Öl in einer großen Pfanne erhitzen und den Speck darin bei schwacher bis mittlerer Hitze knusprig braten. Die Zwiebeln dazugeben und andünsten. Die Kartoffelstreifen zur Zwiebel-Speck-Mischung geben und etwa 8 Minuten mitbraten, dabei öfters vorsichtig wenden. Mit Salz würzen. Anschließend die Kartoffelmischung aus der Pfanne nehmen und auf Küchenpapier abtropfen lassen.

3 Für den Teig das Mehl mit den Eiern und der Milch in einer Schüssel mit den Quirlen des Handrührgeräts verrühren. Mit Salz, Pfeffer, 1 Prise Muskatnuss und dem Majoran würzen. Die Petersilie und den Schnittlauch waschen und trocken schütteln. Die Petersilienblätter fein hacken, den Schnittlauch in dünne Röllchen schneiden. Die Kräuter in den Teig geben. Den Backofen auf 100 °C vorheizen.

4 In einer Pfanne 1 EL Butterschmalz erhitzen. Ein Viertel der Kartoffelmischung in die Pfanne geben. Ebenso ein Viertel des Teigs darüber verteilen, kurz verrühren und den Pillekuchen auf der Unterseite etwa 4 Minuten goldbraun backen. Vorsichtig wenden, etwa 2 Minuten weiterbraten und aus der Pfanne auf eine Platte gleiten lassen. Den Pillekuchen im Ofen warm halten. Aus den restlichen Zutaten 3 weitere Pillekuchen backen. Nach Belieben einen grünen Salat dazu servieren.

Variante: Alternativ kann man einen dicken Pillekuchen mit der gesamten Masse auch im Ofen (175 °C) backen. Dafür den Pfannkuchenteig auf der angebratenen Kartoffelmischung in einer ofenfesten Pfanne verteilen, auf dem Herd kurz umrühren und anschließend im Ofen etwa 40 Minuten goldbraun backen. Den Pillekuchen zum Servieren in Tortenstücke schneiden.

FÜR ARM UND REICH

Der »Pillekuchen« oder auch »Pillekooken« ist gewissermaßen die bergische Antwort auf den Schweizer Kartoffelrösti und die spanische Tortilla. Ob man den schlichten und preiswerten Kartoffelpfannkuchen pur, also nur mit Kartoffeln und Gewürzen, zubereitet oder noch Zwiebeln und Speck oder sogar Spargel und Lachs hinzugibt, ist eine Frage des Geschmacks – und auch eine des Geldes.
Das eigentliche Armeleuteessen haben aber schon immer alle Schichten gerne verspeist.

Jörg Sackmann empfiehlt:

» Wenn man den Pillekuchen im Ofen zubereitet, wird er etwas lockerer. 10 Minuten vor Garzeitende kann man ihn noch mit Speckstreifen belegen. Sehr gut schmeckt der Kuchen mit Sauerbratensauce oder mit Apfelkompott, im Herbst passt auch gut ein Krautsalat dazu. «

– Brandenburg –

Pellkartoffeln
mit Kräuterquark und Spreewälder Leinöl

Zutaten für 4 Personen
12 vorwiegend festkochende Kartoffeln
Salz
500 g Speisequark
250 g Magerquark
1–2 Zwiebeln
1 Knoblauchzehe
5 EL Spreewälder Leinöl (oder anderes Leinöl)
2 Bund Schnittlauch
Salz · Pfeffer aus der Mühle

1 Die Kartoffeln mit der Schale unter fließendem kaltem Wasser kräftig abbürsten. In einem Topf knapp mit Wasser bedecken und 1 TL Salz hinzufügen. Die Kartoffeln aufkochen und zugedeckt bei schwacher bis mittlerer Hitze etwa 20 Minuten garen, bis sie weich sind.

2 Inzwischen beide Quarksorten in eine Schüssel geben. Die Zwiebeln und den Knoblauch schälen, in feine Würfel schneiden und mit dem Leinöl unter den Quark mischen. Nach Belieben noch etwas Milch oder Mineralwasser bis zur gewünschten Konsistenz unterrühren.

3 Den Schnittlauch waschen, trocken schütteln und in feine Röllchen schneiden. Etwa drei Viertel des Schnittlauchs unter den Quark rühren. Den Quark mit Salz und Pfeffer würzen.

4 Die Pellkartoffeln abgießen, nach Belieben pellen und mit dem Kräuterquark servieren. Den restlichen Schnittlauch darüberstreuen.

Michael Kempf empfiehlt:

» Im Frühling kann man zum Quark noch etwas fein geschnittenen Bärlauch geben – dann aber den Knoblauch weglassen. Meine persönliche Lieblingsbeilage zu diesem Gericht ist Rosmarinschinken oder mit Zwiebeln, Radieschen und Essig angemachter Munsterkäse. «

– Saarland –

Kartoffelpuffer
zur Gemüsesuppe

Zutaten für 4 Personen
Für die Gemüsesuppe:
800 g grüne Bohnen
2 Möhren
3 mittelgroße festkochende Kartoffeln
1 große Zwiebel
1 Zweig Bohnenkraut
1 EL Butter
ca. 1 l heiße Gemüsebrühe
Salz · Pfeffer aus der Mühle
milder Essig
200 g Sahne

Für die Kartoffelpuffer:
800 g mehligkochende Kartoffeln
1 Zwiebel · 2 Eier
1–2 EL Haferflocken
Salz
Butterschmalz zum Braten

1 Für die Suppe die Bohnen putzen, waschen und in etwa 3 cm lange Stücke schneiden. Die Möhren putzen, schälen und in etwa 1/2 cm dicke Scheiben schneiden. Die Kartoffeln schälen, waschen und in 1 cm große Würfel schneiden. Die Zwiebel schälen und in feine Streifen schneiden. Das Gemüse, das gewaschene Bohnenkraut und die Butter in einen Topf geben. So viel heiße Brühe dazugießen, bis das Gemüse bedeckt ist, aufkochen und zugedeckt bei schwacher Hitze etwa 20 Minuten garen.

2 Für die Kartoffelpuffer die Kartoffeln schälen, waschen und fein reiben. Die Zwiebel schälen und dazureiben. Die Eier verquirlen und mit den Haferflocken unter die Kartoffel-Zwiebel-Masse mischen, mit Salz würzen. Den Backofen auf 100 °C vorheizen.

3 Etwas Butterschmalz in einer Pfanne erhitzen. Aus der Kartoffelmasse mit einem Esslöffel Portionen in das heiße Fett setzen und leicht flach drücken. Die Kartoffelpuffer auf beiden Seiten bei mittlerer Hitze langsam goldbraun braten. Auf Küchenpapier abtropfen lassen und im Ofen warm halten, bis die gesamte Kartoffelmasse verbraucht ist.

4 Die Gemüsesuppe mit Salz, Pfeffer und Essig mild säuerlich würzen. Die Sahne unterrühren und die Suppe erneut aufkochen oder die Sahne extra zur Suppe reichen. Die Suppe zu den Kartoffelpuffern servieren.

Karlheinz Hauser empfiehlt:

» Ein paar frische Kräuter wie Schnittlauch oder Petersilie geben diesem Gericht den letzten Schliff. Verwenden Sie stets Blattpetersilie, also die glatte statt der krausen Sorte. Sie ist viel intensiver im Geschmack! «

– Saarland –

Hoorische mit Bettseichersalat (Klöße mit Löwenzahnsalat)

Zutaten für 4 Personen

Für die Hoorischen:

1 kg mehligkochende Kartoffeln
1 kg gegarte mehligkochende Kartoffeln (in der Schale)
3 Eier · Salz
weißer Pfeffer aus der Mühle
frisch geriebene Muskatnuss
ca. 150 g Mehl

Für den Salat:

500 g Löwenzahnsalat
150 g durchwachsener Räucherspeck (am Stück)
2 Zwiebeln
4 EL Öl
5 EL Essig
2 hart gekochte Eier
Salz · Pfeffer aus der Mühle

1 Für die Hoorischen die rohen Kartoffeln schälen, waschen und auf der Küchenreibe fein reiben. Die Kartoffelmasse in einem Küchentuch gut ausdrücken. Die gegarten Kartoffeln pellen und grob reiben. Beide Kartoffelmassen mischen. Die Eier hinzufügen, mit Salz, Pfeffer und 1 Prise Muskatnuss würzen. So viel Mehl untermischen, bis sich der Teig von der Schüssel löst.

2 Mit angefeuchteten Händen aus dem Kartoffelteig 12 bis 16 längliche Klöße formen. In einem großen Topf reichlich Salzwasser aufkochen. Die Hoorischen hineingeben und bei sehr schwacher Hitze leicht siedend garen. Wenn die Klöße an der Oberfläche schwimmen, etwa 3 Minuten weiter ziehen lassen – nicht kochen!

3 Für den Salat den Löwenzahn putzen, waschen und trocken schleudern. Die Salatblätter in Stücke zupfen und in eine große Schüssel geben. Den Speck in kleine Würfel schneiden. Die Zwiebeln schälen und in feine Würfel schneiden.

4 In einer Pfanne 1 EL Öl erhitzen, den Speck darin bei schwacher bis mittlerer Hitze leicht knusprig braten. Die Zwiebeln hinzufügen und andünsten. Die Speck- und Zwiebelwürfel aus der Pfanne nehmen und auf Küchenpapier abtropfen lassen.

5 Für die Salatmarinade den Bratensatz in der Pfanne mit 2 EL Essig ablöschen und in eine kleine Rührschüssel geben. Die Eier pellen, halbieren und das Eigelb durch ein feines Sieb zum abgelöschten Essig-Speck-Sud streichen. Das restliche Öl unterschlagen, den übrigen Essig unter die Marinade rühren. Die Salatmarinade nach Belieben mit 2 bis 4 EL Wasser bis zur gewünschten Konsistenz mischen, mit Salz und Pfeffer würzen. Die Marinade und die Hälfte der Zwiebel-Speck-Mischung unter den Löwenzahn mischen. Nach Belieben das Eiweiß in kleine Würfel schneiden und zum Salat geben oder anderweitig verwenden.

6 Die Hoorischen vorsichtig aus dem Wasser heben, kurz abtropfen lassen und mit dem Bettseichersalat (Löwenzahnsalat) auf Tellern anrichten. Die restliche Zwiebel-Speck-Mischung darüberstreuen.

EINE HAARIGE ANGELEGENHEIT

Wenn man rohe Kartoffeln nicht zu fein reibt und daraus Klöße zubereitet, stellen sich beim Garen in heißem Wasser die äußeren Kartoffelfäden auf. Die Klöße sehen dann aus, als ob sie mit vielen feinen Härchen überzogen wären. Darum haben die Saarländer ihnen auch den Namen »Hoorische« gegeben: Haarige. Die Bezeichnung »Bettseichersalat« wiederum geht auf die harntreibende Wirkung des Löwenzahns zurück.

Otto Koch empfiehlt:

» Knödel, die rohe Kartoffeln enthalten, werden während der Zubereitung leider sehr schnell grau. Verwenden Sie daher etwas Knödelweiß (Knödelhilfe), so bleiben sie schön goldgelb! «

– Nordrhein-Westfalen–

Himmel un Ääd (Stampfkartoffeln mit Äpfeln)

Zutaten für 4 Personen

800 g mehligkochende Kartoffeln
Salz
800 g Äpfel
1 EL Zitronensaft
ca. 1 EL Zucker
3 Zwiebeln
50 g durchwachsener Räucherspeck (am Stück)
150 ml Milch
3 EL Butter
frisch geriebene Muskatnuss
500 g Blutwurst

1 Die Kartoffeln schälen, waschen und in Stücke schneiden. Die Kartoffeln in Salzwasser etwa 20 Minuten weich garen. Die Äpfel vierteln, schälen, entkernen und in etwa 5 EL Wasser mit dem Zitronensaft und dem Zucker zugedeckt weich dünsten.

2 Die Zwiebeln schälen und in dünne Ringe schneiden. Den Speck in kleine Würfel schneiden.

3 Die Kartoffeln in ein Sieb abgießen, wieder in den Topf geben und kurz ausdampfen lassen. Die Kartoffeln mit dem Kartoffelstampfer zerdrücken (oder durch die Kartoffelpresse drücken). Die Milch mit 1 TL Butter erhitzen, mit Salz und 1 Prise Muskatnuss würzen und mit dem Kochlöffel unter die Kartoffelmasse rühren. Dann die Äpfel untermischen.

4 Die restliche Butter in einer Pfanne erhitzen. Den Speck darin bei schwacher bis mittlerer Hitze knusprig braten, die Zwiebelringe hinzufügen und goldbraun braten. Beides aus der Pfanne nehmen und auf Küchenpapier abtropfen lassen. Die Blutwurst in etwa 1 cm dicke Scheiben schneiden und in dem verbliebenen Speckfett auf beiden Seiten braten. Das Kartoffel-Apfel-Püree mit der Zwiebel-Speck-Mischung auf Teller verteilen. Die Blutwurstscheiben dekorativ darauf anrichten.

Otto Koch empfiehlt:

» Verwenden Sie für dieses Gericht eine qualitativ hochwertige Blutwurst, die nicht mit Gelatine gebunden ist – am besten beim Metzger nachfragen. Gelatine verliert beim Braten die Bindefähigkeit, weshalb die Wurst dann leicht zerfällt. «

– Hessen –

Diebchen mit Duckefett
(Klöße mit Speck-Sauce)

Zutaten für 4 Personen

Für die Diebchen:

1 kg gegarte mehligkochende Kartoffeln (in der Schale)
2 Eier
ca. 100 g Kartoffelstärke
1/2 TL getrockneter Majoran
Salz
150 g Ahle Wurscht (rote Wurst)

Für das Duckefett:

150 g durchwachsener Räucherspeck (am Stück)
250 g Zwiebeln
250 g Schmand
1/8 l Milch
Salz
weißer Pfeffer aus der Mühle

1 Für die Diebchen die Kartoffeln pellen und auf der Küchenreibe fein reiben. Die Eier, die Kartoffelstärke, den Majoran und etwas Salz dazugeben und alles zu einem glatten, festen Teig verkneten. Die Ahle Wurscht in etwa 1 1/2 cm große Würfel schneiden. Mit angefeuchteten Händen aus dem Kartoffelteig 12 bis 16 Klöße formen, dabei jeweils 1 bis 2 Wurstwürfel in die Mitte geben. In einem großen Topf reichlich Salzwasser aufkochen. Die Kartoffelklöße hineingeben und bei sehr schwacher Hitze 15 bis 20 Minuten ziehen lassen – nicht kochen!

2 Für das Duckefett den Speck in kleine Würfel schneiden und in einer Pfanne ohne Fett bei schwacher Hitze knusprig braten. Etwa 2 EL Speckwürfel herausnehmen und auf Küchenpapier abtropfen lassen. Die Zwiebeln schälen, in kurze Streifen schneiden und zum restlichen Speck in die Pfanne geben. Die Zwiebeln darin bei schwacher Hitze andünsten. Den Schmand und die Milch unterrühren. Die Sauce kurz aufkochen. Das Duckefett mit Salz und Pfeffer würzen.

3 Die Diebchen vorsichtig aus dem Wasser heben, kurz abtropfen lassen und mit dem Duckefett auf den Tellern anrichten. Die restlichen Speckwürfel darüberstreuen.

Jacqueline Amirfallah empfiehlt:

» Zu diesem Gericht passt sehr gut ein frischer Salat. Je nach Saison im Sommer ein Kopf- oder im Winter ein Feldsalat. Als Dressing eignet sich eine würzige Essig-Öl-Marinade. «

Gemüse

Gemüse – Altes neu entdecken

Jedes Gemüse hat seine Saison, glücklicherweise haben aber nicht alle dieselbe. Für jede Jahreszeit ist ein Kraut bzw. ein Salat, eine Knolle oder eine Rübe gewachsen. Viele Gemüsesorten lassen sich zudem sehr gut lagern, einfrieren oder konservieren. Im Sommer und Herbst ist die Auswahl an frischem Gemüse am größten: Erbsen, Bohnen, Kohlrabi, Salate und vieles mehr gibt es nun aus deutschem Anbau zu kaufen. Aber auch im Winter muss man nicht auf frische Vitamin- und Ballaststofflieferanten verzichten: Grün- und Rosenkohl, Rote Bete, Schwarzwurzeln, Steckrüben oder Feldsalat haben ihre Hauptsaison in der kalten Jahreszeit. Und der Frühling lockt dann schon wieder mit Spinat, Spargel und Radieschen.

1 Nicht nur bei Babys beliebt: Die süßliche **Möhre** ist eine Grundzutat bei vielen Suppen und Eintöpfen.
2 Es gibt grünen und weißen **Spargel**. Letzterer wird schon geerntet, wenn er noch unter der Erde ist.
3 Kulturpilze wie **Champignons** gibt es ganzjährig, **Waldspeisepilze** haben im Herbst Hochsaison.
4 **Weißkohl** ist je nach Sorte mal runder, mal spitzer. Vergoren, wird er zum lange haltbaren Sauerkraut.
5 **Erbsen** gehören zu den Hülsenfrüchten. Frisch aus der Schale gepult sind sie besonders schmackhaft.
6 Kleine **Kohlrabi** sind im Geschmack feiner und nicht so holzig wie die größeren Exemplare.
7 **Blumenkohl** schmeckt nicht nur gekocht, er kann auch als Rohkost oder Salat genossen werden.
8 **Grünkohl** ist ein klassisches Wintergemüse und enthält wie der Weißkohl besonders viel Vitamin C.

Sauerkraut kochen

Eine Zwiebel schälen und in feine Würfel schneiden. Öl in einem Topf erhitzen und die Zwiebelwürfel darin andünsten.

Das Sauerkraut dazugeben und kurz mitdünsten. Mit Weißwein ablöschen und diesen fast vollständig einkochen lassen.

Den Speck hinzufügen und das Kraut bei milder Hitze etwa 45 Minuten garen. Sauerkraut mit Salz und Zucker würzen.

Wurzelgemüse zerkleinern

Wurzelgemüse kann man auf verschiedene Arten zerkleinern. Gleichmäßige runde oder schräge Scheiben bekommt man mit einem Hobel oder einem Messer.

Für Stifte die Wurzel zuerst längs in Scheiben hobeln. Die Scheiben dann ebenfalls längs mit einem Messer in schmale Stifte schneiden.

Für kleine Würfel das Gemüse längs in nicht zu dünne Scheiben schneiden. Dann die Scheiben in Streifen und diese in Würfel schneiden.

Gemüse vorbereiten

Pilze möglichst nicht waschen, sondern nur mit Küchenpapier abreiben, die Stiele mit dem Messer sauber kratzen und die Stielansätze abschneiden.

Spargel waschen, mit dem Sparschäler schälen und die holzigen Enden abschneiden. Die Schalen können für eine Spargelsuppe weiterverwendet werden.

Saubohnenkerne kurz in kochendem Salzwasser blanchieren, anschließend kalt abschrecken und aus den Häutchen drücken.

– Brandenburg –

Kohlrouladen
mit Speck

Zutaten für 4 Personen

12 große Weißkohlblätter
Salz
1 – 2 EL Essig
1 Brötchen (vom Vortag)
2 kleine Zwiebeln
500 g gemischtes Hackfleisch
2 Eier
2 EL gehackte Petersilie
1/2 TL getrockneter Majoran
Pfeffer aus der Mühle
1 EL Öl
100 g durchwachsener Räucherspeck (in Würfeln)
ca. 1/2 l Fleischbrühe
2 EL Crème fraîche (oder saure Sahne)

1 Die Kohlblätter waschen und in kochendem Salzwasser kurz blanchieren. In kaltem Essigwasser abschrecken, abtropfen lassen und die dicken Blattrippen flach schneiden.

2 Das Brötchen in Wasser einweichen. Die Zwiebeln schälen und in feine Würfel schneiden. Das Brötchen gut ausdrücken, mit den Zwiebeln, dem Hackfleisch, den Eiern und der Petersilie zu einem glatten Fleischteig verkneten. Mit Majoran, Salz und Pfeffer kräftig würzen.

3 Die Kohlblätter nebeneinander auf die Arbeitsfläche legen. Den Fleischteig in 12 Portionen teilen und auf die Bätter verteilen. Die Blätter seitlich einschlagen und jeweils von der kurzen Seite her aufrollen. Die Rouladen mit Küchengarn umwickeln (siehe S. 89) und verschließen.

4 Das Öl in einem Bräter erhitzen und die Speckwürfel darin leicht knusprig braten. Die Kohlrouladen im Speckfett bei schwacher Hitze rundum anbraten. Mit der Brühe ablöschen und zugedeckt bei schwacher bis mittlerer Hitze etwa 1 Stunde schmoren.

5 Die Kohlrouladen herausnehmen und warm halten. Den Bratenfond etwas einkochen und nach Belieben durch ein Sieb passieren. Die Crème fraîche in die Sauce rühren, aufkochen lassen, mit Salz und Pfeffer würzen. Die Kohlrouladen mit der Sauce und z.B. Salzkartoffeln servieren.

Jacqueline Amirfallah empfiehlt:

» Da nur die großen Kohlblätter benutzt werden, bleiben die kleinen Blätter und die ›Herzen‹ übrig. Davon kann ein Teil fein geschnitten unter die Hackfleischmasse gemischt oder mit den Rouladen angebraten werden. Anstatt Weißkohl verwende ich gerne Spitzkohl, der zartere Blätter hat. «

– Bremen –

Kohl und Pinkel
(Eintopf mit Grützwurst)

Zutaten für 4 Personen
2 kg Grünkohl (Braunkohl)
Salz
2 Zwiebeln
80 g Schweineschmalz
1 EL weißer Kandis (oder Zucker)
150 g durchwachsener Räucherspeck (am Stück)
450 g Kasseler Rippenspeer (mit Knochen)
1/2 – 3/4 l Fleisch- oder Gemüsebrühe
2 Lorbeerblätter
5 Pimentkörner
4 EL Hafergrütze (oder Haferflocken)
1 EL Senf
4 Grützwürste (à ca. 80 g)
Pfeffer aus der Mühle

1 Den Grünkohl putzen, waschen und die Stiele entfernen. In einem großen Topf reichlich Salzwasser aufkochen. Den Grünkohl darin etwa 2 Minuten blanchieren. Den Kohl in ein Sieb abgießen, kalt abschrecken und abtropfen lassen. Den Grünkohl ausdrücken und klein schneiden.

2 Die Zwiebeln schälen und in feine Würfel schneiden. Das Schmalz in einem großen Topf erhitzen, die Zwiebeln darin andünsten. Den Kandis hinzufügen und leicht karamellisieren. Den Grünkohl, den Räucherspeck und das Kasseler hinzufügen. Die Brühe angießen, die Lorbeerblätter und die Pimentkörner dazugeben. Alles aufkochen und zugedeckt bei schwacher bis mittlerer Hitze etwa 45 Minuten leicht köcheln lassen.

3 Die Hafergrütze und den Senf unterrühren, die Würste dazugeben und alles zugedeckt weitere 20 Minuten garen. Mit Salz und Pfeffer abschmecken. Den Speck und das Kasseler aus dem Topf heben, kurz abtropfen lassen und aufschneiden. Den Grünkohl mit den Grützwürsten, dem Kasseler und dem Speck auf Tellern anrichten. Dazu schmecken karamellisierte Kartoffeln oder Salzkartoffeln.

Jacqueline Amirfallah empfiehlt:

» Statt der Hafergrütze kann man auch eine Pinkelwurst aufschneiden und diese mitgaren, das gibt dem Ganzen ein besonderes Aroma. Übrigens, die Bremer finden ja, dass dieser Eintopf aufgewärmt noch besser schmeckt. «

– Brandenburg –

Teltower Rübchen
mit Petersilie

Zutaten für 4 Personen
800 g Teltower Rübchen (mit Grün)
60 g Butter
1 EL Zucker
Salz
weißer Pfeffer aus der Mühle
1/4 l Fleischbrühe
1/2 Bund Petersilie

1 Die Teltower Rübchen putzen. Dafür die Blätter – bis auf die kleinen jungen Blätter – entfernen. Den Blattansatz sorgfältig schaben. Die Rübchen nach Belieben schaben oder schälen und waschen.

2 Die Butter in einem Bräter erhitzen, die Rübchen dazugeben und bei schwacher bis mittlerer Hitze andünsten. Mit Zucker, Salz und Pfeffer würzen. Die Rübchen unter häufigem Rühren leicht karamellisieren. Die Brühe angießen und aufkochen. Die Rübchen zugedeckt bei schwacher Hitze etwa 35 Minuten bissfest garen. Dann aus dem Topf nehmen und warm halten.

3 Die Garflüssigkeit noch leicht sirupartig einkochen lassen. Die Rübchen wieder in den Topf geben und unter Schwenken mit der eingekochten Sauce überziehen.

4 Die Petersilie waschen, trocken schütteln, die Blätter abzupfen und fein hacken. Die Teltower Rübchen kurz vor dem Servieren mit der Petersilie vermischen.

Michael Kempf empfiehlt:

» Man kann die Rübchen auch sehr schön roh marinieren, dadurch kommt der Eigengeschmack noch deutlicher heraus. Die Rübchen einfach dünn aufschneiden, mit etwas Zitronensaft, Meersalz, braunem Zucker und weißem Pfeffer marinieren und 20 Minuten ziehen lassen. Zum Schluss noch das Rübengrün fein schneiden und darüberstreuen. «

– Brandenburg –

Gefüllte Schmorgurken
im Tomatensud

Zutaten für 4 Personen
1 Brötchen (vom Vortag)
1 Zwiebel
1 Knoblauchzehe
400 g gemischtes Hackfleisch
1 Ei · 1 TL Senf
Salz · Pfeffer aus der Mühle
4 mittelgroße Schmorgurken
1 Fleischtomate
50 g durchwachsener Räucherspeck (am Stück)
2 EL Öl
ca. 300 ml Fleisch- oder Gemüsebrühe
2 Pimentkörner
1 Gewürznelke
1 Lorbeerblatt
2 EL gehackte Petersilie
Zucker · milder Essig

1 Das Brötchen in Wasser einweichen. Die Zwiebel und den Knoblauch schälen und in feine Würfel schneiden. Das Brötchen ausdrücken, mit dem Hackfleisch, der Zwiebel, dem Knoblauch, dem Ei und dem Senf zu einem glatten Fleischteig verkneten. Mit Salz und Pfeffer kräftig würzen.

2 Die Schmorgurken schälen, längs halbieren und die Kerne mit einem Löffel entfernen. Das Hackfleisch in 4 Gurkenhälften verteilen und die anderen Hälften als Deckel daraufsetzen. Die gefüllten Gurken mit Küchengarn umwickeln. Die Tomate kreuzweise einritzen, überbrühen, kalt abschrecken und häuten. Die Tomate halbieren, entkernen und das Fruchtfleisch in Würfel schneiden.

3 Den Speck in kleine Würfel schneiden. Das Öl in einer großen Pfanne erhitzen und den Speck darin knusprig auslassen. Die Schmorgurken dazugeben und bei schwacher bis mittlerer Hitze rundum leicht anbraten. Mit der Brühe ablöschen. Die Pimentkörner, die Gewürznelke und das Lorbeerblatt hinzufügen. Die Schmorgurken zugedeckt bei schwacher Hitze etwa 15 Minuten schmoren. Wenden, die Tomatenwürfel hinzufügen und weitere 15 Minuten schmoren.

4 Kurz vor dem Servieren die Petersilie unter die Sauce rühren und mit Salz, Pfeffer, Zucker und Essig abschmecken. Die Schmorgurken mit der Sauce auf Tellern anrichten. Dazu schmecken Salzkartoffeln.

Karlheinz Hauser empfiehlt:

» Während des Schmorens sollten die Gurken hin und wieder mit etwas von ihrem eigenen Saft begossen werden. So bleibt die Farbe besser erhalten, und die Gurken werden auch nicht zu dunkel. «

– *Niedersachsen* –

Spargel
mit Butter und Schinken

Zutaten für 4 Personen
2 kg weißer Spargel
Salz
Zucker
150 g Butter
8 – 12 Scheiben Schinken (z. B. Ammerländer)

1 Die Spargelstangen waschen und jeweils unterhalb des Kopfs bis zu den Enden mit dem Spargelschäler oder Sparschäler schälen. Die holzigen Enden mit einem Messer abschneiden - die Spargelschalen und -enden nach Belieben zum Kochen eines Spargelfonds verwenden.

2 In einem großen Topf reichlich Wasser mit je 1 TL Salz, Zucker und 2 EL Butter aufkochen. Nach Belieben etwas Zitronensaft hinzufügen.

3 Den Spargel in 4 Portionen teilen und jede Portion mit Küchengarn zusammenbinden. Die Spargelbündel in das Wasser geben. Den Spargel je nach Stangendicke in leicht siedendem Wasser 8 bis 12 Minuten bissfest garen.

4 Die restliche Butter in einem Topf bei schwacher Hitze zerlassen. Die Spargelbündel aus dem Wasser heben, kurz abtropfen lassen, auf einer Platte anrichten und das Küchengarn entfernen.

5 Den Spargel mit der zerlassen Butter und den Schinkenscheiben auf Tellern oder einer Platte anrichten. Dazu schmecken Pell- oder Salzkartoffeln aus der neuen Ernte.

BELIEBT WIE NIE ZUVOR

Spargel war über lange Zeit eine Delikatesse, die den Reichen vorbehalten war. Heute ist die Nachfrage und somit auch die Anbaufläche größer denn je. In Niedersachsen ist Nienburg Spargelhochburg, der Nienburger Spargelteller ist ein regionales Gericht aus Spargel, Kartoffeln, Buttersauce und Schinken. Letzterer ist ebenfalls eine Spezialität Niedersachsens: Ammerländer Schinken ist weit über die Landesgrenzen hinaus berühmt. Sein spezielles Aroma erhält er durch die Würzung mit Meersalz, braunem Zucker, Pfeffer, Piment und Wacholder.

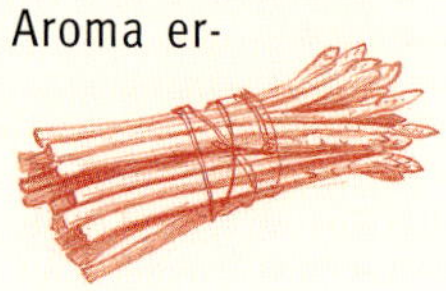

Vincent Klink empfiehlt:

» Man achte darauf, dass die Butter nicht nur flüssig ist, sondern eine sanft-braune Farbe angenommen hat. Sie bekommt so einen nussigen Geschmack und wirkt kräftiger, auch wenn sie nur sparsam über den Spargel geträufelt wird. «

– Baden-Württemberg –

Linsen
mit selbst gemachten Spätzle

Zutaten für 4 Personen

Für die Linsen:

400 g braune Linsen
1 Zwiebel · 1 Knoblauchzehe
50 g durchwachsener Räucherspeck (am Stück)
2 EL Butter
ca. 1 1/2 l Fleisch- oder Gemüsebrühe
2 mehligkochende Kartoffeln
1 Lorbeerblatt
Salz · Pfeffer aus der Mühle
ca. 1/2 TL getrockneter Majoran
ca. 3 EL Essig

Für die Spätzle:

500 g doppelgriffiges Mehl
6 Eier · Salz

1 Die Linsen verlesen und in einer Schüssel in kaltem Wasser mindestens 3 Stunden einweichen.

2 Die Zwiebel und den Knoblauch schälen und in feine Würfel schneiden. Den Speck in kleine Würfel schneiden. Die Butter in einem Topf erhitzen und den Speck darin leicht knusprig braten. Die Zwiebel und den Knoblauch hinzufügen und andünsten. Die Linsen abgießen, abtropfen lassen und kurz mitdünsten. So viel Brühe angießen, dass die Linsen bedeckt sind, und aufkochen lassen. Die Kartoffeln schälen, waschen, fein reiben und zu den Linsen geben, das Lorbeerblatt hinzufügen. Die Linsen bei schwacher Hitze etwa 30 Minuten köcheln lassen, bis sie weich sind, aber noch Biss haben. Dabei die Linsen öfter umrühren und regelmäßig etwas Brühe nachgießen.

3 Für die Spätzle den Teig zubereiten und garen (siehe S.145). Sobald die Spätzle an der Oberfläche schwimmen, mit dem Schaumlöffel herausnehmen. Kalt abschrecken und abtropfen lassen.

4 Die Linsen mit Salz, Pfeffer, Majoran und Essig abschmecken. Die gegarten Spätzle kurz in einem Topf mit etwas heißem (nicht kochendem!) Wasser schwenken und abtropfen lassen oder nach Belieben die Spätzle in einer Pfanne mit Butter schwenken. Die Spätzle zu den Linsen servieren. Dazu passen Saiten (Brühwurste, z.B. Wiener Würstchen).

Jörg Sackmann empfiehlt:

» Durch das Einweichen verringert sich die Kochdauer und die Linsen werden saftig. Sie dürfen jedoch nie sprudelnd kochen, da sich sonst das enthaltene Eiweiß verändert und die Linsen hart bleiben. Ich verwende sehr gerne Linsen von der Schwäbischen Alb. Würzen Sie Linsengerichte einmal mit Orangenschale, altem Balsamico, Kapern, Sardellen und Gewürzgurken. «

– Bayern –

Allgäuer Kasspatzn
mit Röstzwiebeln

Zutaten für 4 Personen

Für die Spätzle:

500 g doppelgriffiges Mehl
6 Eier
Salz

Außerdem:

150 g Allgäuer Emmentaler
100 g Bergkäse
3 – 4 Zwiebeln
weißer Pfeffer aus der Mühle
100 g Butter
1/2 Bund Schnittlauch

1 Für die Spätzle das Mehl, die Eier und etwas Salz mit den Knethaken des Handrührgeräts zu einem glatten, zähflüssigen Teig verarbeiten. Gegebenenfalls noch Wasser hinzugeben. Den Teig so lange kneten, bis er Blasen wirft. In einem großen Topf 2 bis 3 l Salzwasser aufkochen.

2 Den Backofen auf 80 °C vorheizen. Eine ofenfeste Form im Ofen vorwärmen. Den Emmentaler und den Bergkäse reiben und mischen. Die Zwiebeln schälen und in Ringe schneiden.

3 Den Teig portionsweise mit dem Spätzlehobel oder mit einer Palette von einem Holzbrett in das siedende Wasser schaben – sie sind gar, wenn sie an der Oberfläche schwimmen. Die erste Spätzleportion mit dem Schaumlöffel herausnehmen, kurz abtropfen lassen und in die vorgewärmte Form geben. Mit Pfeffer würzen und etwas Käsemischung darüberstreuen. So fortfahren, bis alle Spätzle zubereitet sind.

4 Inzwischen die Butter in einer großen Pfanne erhitzen und die Zwiebelringe darin bei schwacher bis mittlerer Hitze goldbraun braten. Mit Salz und Pfeffer würzen und auf die geschichteten Spätzle geben. Nach Belieben die Kasspatzn im Ofen kurz überbacken.

5 Den Schnittlauch waschen, trocken schütteln und in Röllchen schneiden. Zum Servieren die Kasspatzn mit dem Schnittlauch bestreuen. Nach Belieben einen grünen Salat dazu servieren.

Vincent Klink empfiehlt:

» Ein wunderbares Essen, das völlig vergessen lässt, dass kein Fleisch im Spiel ist. Ich liebe die Spatzn mit recht viel braunen Zwiebeln, und auch etwas Muskat darf hervorschmecken. «

– Schleswig-Holstein –

Birnen, Bohnen und Speck
auf klassische Art

Zutaten für 4 Personen

ca. 1 l Fleisch- oder Gemüsebrühe
500 g durchwachsener Räucherspeck (am Stück)
750 g grüne Bohnen
ca. 4 Zweige Bohnenkraut
500 g kleine Kochbirnen (siehe S. 76)
Salz · Pfeffer aus der Mühle
1 Bund Petersilie

1 Die Brühe in einem großen Topf erhitzen. Den Räucherspeck dazugeben und zugedeckt bei schwacher Hitze etwa 25 Minuten garen.

2 Inzwischen die Bohnen putzen, waschen und halbieren. Das Bohnenkraut waschen. Die Bohnen mit den Kräuterzweigen zum Räucherspeck geben und weitere 10 Minuten garen.

3 Die Kochbirnen waschen, der Länge nach halbieren und das Kerngehäuse entfernen. Die Birnenhälften auf die Bohnen legen und zugedeckt 15 Minuten mitgaren.

4 Den Speck aus der Brühe nehmen, kurz abtropfen lassen und in Scheiben schneiden. Die Birnen ebenso herausnehmen und abtropfen lassen. Die Bohnen leicht mit Salz und Pfeffer würzen. Den Garsud nach Belieben mit etwas kalt angerührter Speisestärke leicht binden und kurz aufkochen.

5 Die Petersilie waschen und trocken schütteln. Die Blätter abzupfen, fein hacken und kurz vor dem Servieren unter die Bohnen rühren. Die Birnen mit den Bohnen und dem Speck auf Tellern anrichten. Dazu schmecken Salzkartoffeln.

VEREINTE GEGENSÄTZE

Im Norden mag man es herzhaft und süß zugleich. »Gröner Hein«, wie man den Eintopf aus »Beern, Bohn un Speck« dort auch nennt, ist ein klassisches Beispiel dafür. »Brooken Sööt«, also »aufgebrochene Süße«, ist der Name für die süßsauer-herzhafte Tradition, die sich auch in Gerichten wie »Plum un Klüten«, »Kohl mit Pinkel« oder einer einfachen Buttermilchsuppe wiederfindet.

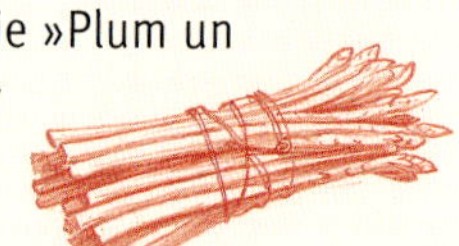

Jacqueline Amirfallah empfiehlt:

» Wenn Sie die Hälfte der Bohnen erst etwa 8 Minuten vor Ende der Garzeit zum Eintopf geben, erhält das Gericht noch eine leicht knackige Komponente und dazu einen leuchtend grünen Farbtupfer. «

– Schleswig-Holstein –

Schnüsch mit Schinken (Gemüseeintopf)

Zutaten für 4 Personen

150 g dicke Bohnen (Saubohnen)
Salz
300 g grüne Bohnen
je 200 g festkochende Kartoffeln, Kohlrabi und Möhren
150 g frische Erbsen (ersatzweise tiefgekühlt)
3/4 l Milch
75 g Butter
weißer Pfeffer aus der Mühle
frisch geriebene Muskatnuss
1 Bund Petersilie
4 – 8 Scheiben Holsteiner Katenschinken

1 Die dicken Bohnen in kochendem Salzwasser kurz blanchieren, kalt abschrecken und aus den Häutchen drücken (siehe S.137). Die grünen Bohnen waschen und die Enden abknipsen, eventuell entfädeln und in Stücke brechen. Die Kartoffeln schälen und waschen. Den Kohlrabi und die Möhren putzen und schälen. Die Kartoffeln und den Kohlrabi in kleine Würfel, die Möhren in Scheiben schneiden. Die Erbsen waschen.

2 Etwa 1 bis 2 l Salzwasser in einem Topf aufkochen, die Kartoffeln, die Möhren und den Kohlrabi hinzufügen und 10 Minuten kochen. Die grünen Bohnen dazugeben und weitere 5 Minuten garen. Zum Schluss die dicken Bohnen und die Erbsen hinzufügen und das Gemüse nochmals 3 bis 5 Minuten garen.

3 Die Milch mit der Butter in einem Topf erhitzen, mit Salz, Pfeffer und 1 Prise Muskatnuss würzen. Die Petersilie waschen und trocken schütteln, die Blätter abzupfen und fein hacken. Das Gemüse in ein Sieb abgießen, kurz abtropfen lassen und in eine große Terrine füllen. Die heiße Milch darübergießen und die Petersilie unterheben. Das Schnüsch mit dem Katenschinken oder alternativ mit eingelegten Heringen servieren.

Jacqueline Amirfallah empfiehlt:

» Eintöpfe bekommen eine besonders aromatische Note, wenn man zum Schluss viele frische Kräuter hinzugibt. Dieses Gericht wird mit Petersilie verfeinert, aber auch der würzige Liebstöckel eignet sich für einen Gemüseeintopf ganz hervorragend. «

– Bayern –

Semmelknödel
mit Schwammerlsauce

Zutaten für 4 Personen
Für die Semmelknödel:
6 Brötchen (vom Vortag)
ca. 100 ml lauwarme Milch
3 EL Butter · 1/2 Zwiebel (fein gewürfelt) · 50 g durchwachsener Räucherspeck (fein gewürfelt) · 1 kleines Bund Petersilie (frisch gehackt) · 3 Eier
Salz · Pfeffer aus der Mühle

Für die Schwammerlsauce:
500 g gemischte Pilze (z.B. Steinpilze, Pfifferlinge, Egerlinge)
1/2 Zwiebel · 1 Knoblauchzehe
80 g Butter · 400 ml Gemüsebrühe · 100 g Sahne
Salz · Pfeffer aus der Mühle
frisch geriebene Muskatnuss
1 TL Zitronensaft
1 EL gehackte Petersilie

1 Die Brötchen in dünne Scheiben schneiden, mit der Milch übergießen und 10 Minuten ziehen lassen. Die Butter erhitzen und die Zwiebelwürfel darin andünsten. Den Speck dazugeben und kurz anbraten. Die Zwiebel-Speck-Mischung mit den Brötchenscheiben, der Petersilie und den Eiern mischen. Mit Salz und Pfeffer würzen. Die Masse gründlich durchkneten und mit angefeuchteten Händen zu glatten runden Knödeln (à 4 bis 5 cm Durchmesser) formen. Die Semmelknödel in leicht siedendem Salzwasser etwa 15 Minuten garen, bis sie an die Oberfläche steigen.

2 Inzwischen für die Schwammerlsauce die Pilze putzen und, falls nötig, mit Küchenpapier trocken abreiben. Große Pilze in Stücke schneiden, kleinere Pilze ganz lassen. Die Stiele in Scheiben schneiden. Die Zwiebel und den Knoblauch schälen und in feine Würfel schneiden. Die Butter in einer großen Pfanne erhitzen. Die Pilze darin bei mittlerer Hitze anbraten, dabei gelegentlich umrühren. Wenn die Pilze glänzen, die Zwiebel und den Knoblauch hinzufügen und kurz mitdünsten.

3 Die Brühe und die Sahne angießen und kurz köcheln lassen. Die Pilzsauce mit Salz, Pfeffer, 1 Prise Muskatnuss und Zitronensaft abschmecken. Nach Belieben die Sauce mit kalt angerührter Speisestärke leicht binden. Die Petersilie untermischen. Die Schwammerlsauce mit den Semmelknödeln auf Tellern anrichten.

Karlheinz Hauser empfiehlt:

» Anstatt der Brötchen vom Vortag können Sie für die Knödel auch alte Brezen verwenden. Verarbeiten Sie den Knoblauch in Maßen; Sie können auch einfach eine ganze Zehe dazugeben und diese später wieder herausnehmen. «

– Sachsen –

Leipziger Allerlei
mit Krebsbutter

Zutaten für 4 Personen

25 g getrocknete Spitzmorcheln
250 g frische Erbsen (ersatzweise tiefgekühlt)
250 g Möhren
300 g Kohlrabi
1/2 kleiner Blumenkohl
12 Stangen Spargel
20 ausgelöste Flusskrebsschwänze (küchenfertig)
Salz · Zucker
100 g Sahne
2 EL Mehl
4 EL Butter
1/2 EL Krebsbutter
ca. 5 EL Weißwein
Pfeffer aus der Mühle

1 Die Spitzmorcheln mit etwa 150 ml kochendem Wasser übergießen und ziehen lassen.

2 Die Erbsen waschen. Die Möhren und den Kohlrabi putzen, schälen und in Stifte schneiden. Den Blumenkohl putzen, waschen und in kleine Röschen teilen. Den Spargel waschen, schälen und die holzigen Enden abschneiden. Den Spargel in etwa 5 cm lange Stücke schneiden.

3 Die Krebsschwänze waschen und mit Küchenpapier trocken tupfen. Etwa 1/2 l Wasser in einem Topf mit 1/2 TL Salz und 2 Prisen Zucker aufkochen. Den Spargel darin bei mittlerer Hitze etwa 10 Minuten garen. Nach 3 Minuten die Möhren, den Kohlrabi und den Blumenkohl hinzufügen. Etwa 3 Minuten vor Ende der Garzeit die Erbsen dazugeben. Das Gemüse mit dem Schaumlöffel herausheben oder vorsichtig in ein Sieb abgießen, dabei den Garsud auffangen.

4 Die Morcheln in ein Sieb abgießen, dabei das Einweichwasser auffangen. Die Pilze ausdrücken.

5 Für die Sauce 300 ml Gemüsegarsud, etwa 75 ml Pilz-Einweichwasser und die Sahne aufkochen. Das Mehl mit 2 EL weicher Butter und der Krebsbutter gründlich verkneten und mit dem Schneebesen in die kochende Sauce rühren. Die Sauce etwa 2 Minuten köcheln lassen, dabei öfter umrühren. Mit Wein, Salz und Pfeffer abschmecken. Das gegarte Gemüse hineingeben und wieder erhitzen.

6 Die restliche Butter in einer Pfanne erhitzen. Die Morcheln und die Flusskrebsschwänze darin bei schwacher bis mittlerer Hitze 3 bis 5 Minuten braten, mit Salz würzen. Das Gemüse mit den Morcheln und den Flusskrebsschwänzen auf Tellern anrichten. Nach Belieben mit Petersilie oder Kerbel garnieren.

EIN GERICHT – VIEL GESCHICHTE

Die Geschichte des »Leipziger Allerlei« ist wie das Gericht selbst etwas durcheinander. Französische Missionare sollen die Idee für gemischtes junges Gemüse aus China mit nach Sachsen gebracht haben, wo kurzerhand noch Flusskrebse und Morcheln dazukamen. Einer anderen Legende zu folge soll das Gericht erfunden worden sein, um die Leipziger vor Steuereintreibern und Bettlern zu bewahren. Denn wo nur Gemüse auf den Tisch kam, konnte ja nicht viel zu holen sein. Heute kennen es viele leider nur noch als faden Fertig-Gemüsemix, der mit einem frisch zubereiteten, echten »Leipziger Allerlei« nicht mehr sehr viel gemeinsam hat.

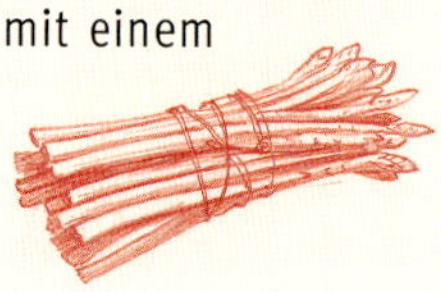

Jörg Sackmann empfiehlt:

» Das beste Leipziger Allerlei kocht man im Frühjahr mit frischen Erbsen, Fingermöhren, jungem Lauch und Spargel. Anstatt mit Mehlbutter kann die Sauce auch mit einer Liaison aus Sahne und Eigelb (im Verhältnis 1:1) gebunden werden. «

Süßes & Gebäck

Gebäck – zuckersüß und butterzart

Die Grundzutaten für eine Süßspeise sind schlicht und preiswert: Mehl, Eier, Butter, Zucker. Das im Mehl enthaltene Klebereiweiß (Gluten) hält den Teig zusammen, gute Backeigenschaften haben die Typen 405 und 550. Eier verbinden die Zutaten, lockern den Teig und geben Farbe. Butter und Zucker bringen Struktur und Geschmack. Für das Besondere sorgen oft die süßen Früchtchen. Der Deutschen liebstes Obst ist der Apfel, daher findet man ihn auch in zahlreichen regionalen Kuchen und Süßspeisen, ebenso wie Zwetschgen, Beeren und Kirschen. Frisches Obst ist saisonabhängig, in Form von Konfitüren und Kompotten lässt es sich aber wunderbar konservieren, und auch getrocknet ist es eine hervorragende Backzutat.

1 **Äpfel** werden fast überall in Deutschland angebaut. Zum Backen eignen sich besonders Elstar und Boskop.
2 Warme **Milch** lässt Hefe richtig schön aufgehen.
3 Bei **Mehl** und **Ei** sind Zahlen ausschlaggebend: Je höher die Typenzahl, desto mehr Mineralstoffe enthält ein Mehl. Die erste Zahl der Ziffern auf einem Ei verrät die Haltung: 0 = bio; 1 = Freiland; 2 = Boden; 3 = Käfig.
4 **Butter** macht den Teig geschmeidig und saftig.
5 **Zucker** darf beim Backen nicht fehlen. Kalorienbewusste können die Mengen meist etwas reduzieren.
6 Schmackhafte **Birnen** gibt es im Sommer, Herbst und auch im Winter, z.B. die beliebte Alexander Lukas.
7 Reich an Vitaminen, Mineral- und Ballaststoffen: **Backpflaumen** sind ein gesundes Süßungsmittel.
8 **Erdbeeren** reifen nach dem Pflücken nicht weiter, daher sollte man sie nur reif und schön rot kaufen.

Hefeteig ansetzen

In das Mehl eine Mulde drücken, die Hefe hineinbröckeln. Zucker und lauwarme Milch dazugeben, in der Mulde mit etwas Mehl verrühren und gehen lassen.

Den Vorteig mit Ei, 1 Prise Salz und dem restlichen Mehl zu einem glatten Teig verkneten.

Den Teig in der Schüssel zugedeckt an einem warmen Ort gehen lassen, bis sich sein Volumen etwa verdoppelt hat.

Dampfnudeln zubereiten

Den Dampfnudelteig gut durchkneten und zu einer dicken Rolle formen. In 5 cm große Stücke schneiden und diese zu glatten Kugeln rollen.

Milch mit etwas Zucker erwärmen und 1 Stück Butter darin schmelzen. Die Teigkugeln hineinsetzen und zugedeckt 20 Minuten gehen lassen.

Die Dampfnudeln bei mittlerer Hitze 8 bis 10 Minuten garen. Dann im Topf zugedeckt im vorgeheizten Ofen bei 180 °C etwa 35 Minuten backen.

Eischnee richtig schlagen

Die Eier aufschlagen, das Eiweiß jeweils sorgfältig vom Eigelb trennen. Die Eiweiße in einer Schüssel kurz durchmixen.

Gegebenenfalls nach Rezept Zucker bzw. Salz einrieseln lassen, dabei weiterrühren.

Die Eiweiße so lange weiterschlagen, bis der Eischnee fest geworden ist.

– Sachsen-Anhalt –

Süßer Klump (Hefekloß)

Zutaten für 4–6 Personen

Für den Hefeteig:
1/4 l Milch
30 g frische Hefe
3 EL Zucker
500 g Mehl
Salz
50 g zerlassene Butter

Außerdem:
Mehl zum Formen
Salz
1 Glas Schattenmorellen (680 g Füllmenge)
1 gestr. EL Speisestärke
ca. 75 g Butter

1 Für den Hefeteig die Milch in einem Topf leicht erwärmen, den Topf vom Herd nehmen und die Hefe darin auflösen. Den Zucker hinzufügen. Das Mehl und 1 Prise Salz in eine große Schüssel geben. Die warme Hefemilch mit der zerlassenen Butter dazugeben. Alles mit den Knethaken des Handrührgeräts zu einem glatten, elastischen Teig verkneten, der sich vom Schüsselrand löst. Den Hefeteig an einem warmen Ort zugedeckt etwa 1 Stunde gehen lassen.

2 Den Hefeteig nochmals gut durchkneten und mit leicht bemehlten Händen zu Klößen (à etwa 5 cm Durchmesser) formen. Mit etwas Abstand auf ein bemehltes Backbrett oder Backblech legen. Die Klöße zugedeckt an einem warmen Ort 15 bis 20 Minuten gehen lassen.

3 Reichlich leicht gesalzenes Wasser in einem großen Topf zum Sieden bringen. Die Klöße (portionsweise) hineingeben und zugedeckt bei schwacher Hitze etwa 20 Minuten ziehen lassen.

4 Die Schattenmorellen samt Flüssigkeit in einem Topf erhitzen. Die Speisestärke mit 3 EL kaltem Wasser glatt rühren und in die heißen Kirschen rühren. Die Kirschsauce kurz köcheln lassen.

5 Die Butter in einer Pfanne leicht bräunen. Zum Anrichten die Klöße mit einer Gabel aufreißen, etwas braune Butter darüberträufeln und mit der Kirschsauce servieren.

EINFACH GUT

Klump ist ein schlichtes, bodenständiges Gericht und bedeutet nichts anderes als »Kloß«, in diesem Fall Hefekloß. Die Hauptzutat ist Mehl, aber ob es sich dabei um gemahlenes Mehl oder Zwieback, um alte Brötchen oder Grieß handelt, hängt ganz davon ab, was die Küche gerade hergibt. Ebenso wie die Entscheidung, ob es einen süßen oder einen herzhaften Klump geben soll – denn beides ist möglich und sehr schmackhaft.

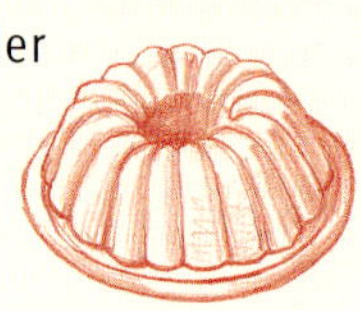

Jacqueline Amirfallah empfiehlt:

» Zur Kirschenzeit sollten Sie unbedingt aus frischen Sauerkirschen ein Kompott kochen. Dafür die Kirschen entsteinen und in einem Topf mit etwas Zucker und wenig Wasser, aromatisiert mit Sternanis und Vanille, kochen. «

– Baden-Württemberg –

Ofenschlupfer
(Süßer Auflauf mit Äpfeln)

Zutaten für 4–6 Personen

- Butter für die Form
- 350 g Hefezopf (vom Vortag; alternativ Milchbrötchen oder Weißbrot)
- 700 g Äpfel
- 2 EL Rosinen
- 2 EL Mandelstifte
- 4 Eier
- ca. 1/2 l Milch
- 75 g Zucker (bei Weißbrot etwas mehr Zucker)
- Mark von 1 Vanilleschote
- 1 TL abgeriebene unbehandelte Zitronenschale
- 1 EL Butter
- Zimtzucker zum Bestreuen

1 Eine ofenfeste Form mit Butter einfetten. Den Hefezopf in dünne Scheiben schneiden. Die Äpfel schälen, mit dem Apfelausstecher die Kerngehäuse ausstechen und die Äpfel quer in Ringe schneiden. Die Hefezopfscheiben und Apfelringe mit den Rosinen und den Mandeln im Wechsel in die Form schichten, dabei mit den Zopfscheiben beginnen.

2 Die Eier mit der Milch, dem Zucker, dem Vanillemark und der Zitronenschale verquirlen. Die Eiermilch über die Füllung in der Form verteilen und den Ofenschlupfer etwa 30 Minuten ziehen lassen.

3 Den Backofen auf 180 °C vorheizen. Die Butter in Stückchen auf dem Ofenschlupfer verteilen. Den Ofenschlupfer im Ofen auf der mittleren Schiene etwa 45 Minuten goldbraun backen. Zum Servieren mit etwas Zimtzucker bestreuen.

Vincent Klink empfiehlt:

» Ofenschlupfer muss innen saftig und oben knusprig sein. Oft wird zu viel Hefezopf genommen, sodass Teile des Hefezopfs trocken liegen. In jedem Fall sollte man genügend Milch-Ei-Masse haben, damit am Anfang das ganze Gericht ›Land unter‹ hat. «

– Hessen –

Versoffene Jungfern
(Kleine Küchlein in Weinsud)

Zutaten für 4 Personen

Für den Weinsud:

2 – 3 EL Puderzucker
300 ml trockener Weißwein
1/2 l Apfelsaft
1 Stück Zimtrinde
1/2 Vanilleschote
je 1 Streifen unbehandelte Zitronen- und Orangenschale
2 – 3 TL Speisestärke

Für das Gebäck:

4 Eier
100 g weiche Butter
Mark von 1 Vanilleschote
abgeriebene Schale von 1 unbehandelten Zitrone
80 g Zucker · 150 g Mehl
25 g Speisestärke
1/2 TL Backpulver · Salz
Öl zum Ausbacken

1 Für den Weinsud den Puderzucker in einen Topf sieben und bei schwacher Hitze hell karamellisieren. Mit dem Wein und dem Apfelsaft ablöschen. Zimt, Vanilleschote, Zitronen- und Orangenschale hinzufügen. Die Speisestärke mit wenig kaltem Wasser glatt rühren und in den köchelnden Weinsud rühren, bis er leicht sämig bindet. Den Sud einige Minuten bei schwacher Hitze köcheln lassen. Zimt, Vanilleschote und die Zitrusschalen wieder entfernen. Den Weinsud warm halten.

2 Für das Gebäck die Eier trennen. Die Butter mit dem Vanillemark, der Zitronenschale und 40 g Zucker mit den Quirlen des Handrührgeräts hellschaumig schlagen. Die Eigelbe unterrühren. Das Mehl, die Stärke und das Backpulver in eine Schüssel sieben. Die Eiweiße mit dem restlichen Zucker und 1 Prise Salz steif schlagen und mit der Mehlmischung unter die Buttercreme heben.

3 Zum Ausbacken Öl 4 bis 5 cm hoch in einer tiefen Pfanne erhitzen – es ist heiß genug, wenn sich an einem hineingehaltenen Holzlöffelstiel Blasen bilden. Mit zwei angefeuchteten Esslöffeln portionsweise Nocken aus der Teigmasse formen und im Öl bei mittlerer Hitze goldbraun backen. Mit dem Schaumlöffel herausheben, auf Küchenpapier abtropfen lassen.

4 Die Teignocken in tiefe Teller setzen, nach Belieben mit etwas Puderzucker bestäuben und mit dem warmen Weinsud übergießen.

Otto Koch empfiehlt:

» Versoffene Jungfern werden oft auch mit Rot- statt mit Weißweinsauce gemacht. Natürlich können Sie den Wein ganz weglassen und stattdessen nur Fruchtsaft verwenden. Dann ist es auch eine wunderbare Nachspeise für Kinder! «

– Hessen –

Kirschenmichel (Süßer Brotauflauf)

Zutaten für 4–6 Personen
180 ml Milch
2 1/2 Brötchen (vom Vortag)
60 g weiche Butter
350 g Schattenmorellen (1 Glas; 680 g Füllmenge)
2 Eier
60 g Zucker
2 Msp. Zimtpulver
abgeriebene Schale von 1/2 unbehandelten Zitrone
Salz
Butter für die Form
ca. 30 g gemahlene Mandeln

1 Die Milch in einem Topf erhitzen. Die Brötchen in etwa 1/2 cm dünne Scheiben schneiden. In einer Pfanne 1 EL Butter erhitzen und die Hälfte der Brötchenscheiben darin goldbraun braten. Herausnehmen und in eine Schüssel geben. Die restlichen Brötchenscheiben ebenfalls in 1 EL Butter braten und in die Schüssel geben. Mit der Milch übergießen und 20 bis 30 Minuten durchziehen lassen, nach etwa 10 Minuten einmal umrühren.

2 Inzwischen den Backofen auf 180 °C vorheizen. Die Schattenmorellen in ein Sieb abgießen und abtropfen lassen (nach Belieben den Saft anderweitig verwenden; siehe z. B. S. 161).

3 Die Eier trennen. Die restliche Butter mit dem Zucker, den Eigelben, dem Zimt und der Zitronenschale in eine Rührschüssel geben. Alles mit den Quirlen des Handrührgeräts schaumig schlagen. Nach und nach die eingeweichte Brötchenmasse unterrühren.

4 Die Eiweiße mit 1 Prise Salz zu einem steifen Schnee schlagen. Den Eischnee und die abgetropften Schattenmorellen unter die Brötchencreme heben.

5 Eine ofenfeste Form mit Butter einfetten und mit den Mandeln ausstreuen. Den Teig hineinfüllen. Den Kirschenmichel im Ofen auf der mittleren Schiene 50 bis 60 Minuten goldbraun backen. Nach Belieben zum Servieren mit Puderzucker bestäuben. Dazu passt Vanillesauce (siehe S. 166).

MIT MICHEL GUT KIRSCHEN ESSEN

Kirschenmichel isst man in der ganzen Region um Südhessen, Baden, Franken und in der Pfalz sehr gerne. Selbstverständlich hat auch hier wieder jeder seinen eigenen Namen für diese traditionelle Süßspeise: »Kerschemischel«, »Kirschenplotzer« oder »Kirschenjokel« sind nur einige davon. Und auch bei der namensgebenden Zutat ist man flexibel: Je nach Region werden für diesen Auflauf entweder Süß- oder Sauerkirschen verwendet.

Vincent Klink empfiehlt:

» Am besten schmecken selbst eingemachte Kirschen. Sauerkirschen müssen es nicht sein – auch süße Herzkirschen sind nicht zu verachten. Doch was macht man mit dem Fruchtsaft aus dem Glas? Ganz einfach: zu Sirup einkochen und damit den Kirschenmichel umgießen. «

– Schleswig-Holstein –

Buttermilchsuppe
mit Birnen und Backpflaumen

Zutaten für 4 Personen

150 g Backpflaumen
1 unbehandelte Zitrone
2 Birnen
2 Gewürznelken
1 Zimtsplitter
1 l Buttermilch
3 EL Speisestärke
ca. 50 g Zucker
Salz

1 Die Backpflaumen in einer Schüssel in etwas Wasser über Nacht einweichen. Am nächsten Tag die Pflaumen auf einem Sieb abtropfen lassen und in Stücke schneiden.

2 Die Zitrone heiß waschen, trocken reiben und 1 TL Schale fein abreiben. Die Zitrone auspressen. Die Birnen waschen, vierteln, entkernen und in kleine Stücke schneiden. 100 ml Wasser mit dem Zitronensaft, den Gewürznelken und dem Zimtsplitter in einem kleinen Topf aufkochen. Die Birnenstücke hineingeben, einmal kurz aufkochen lassen und aus dem Sud nehmen.

3 Den Birnensud durch ein Sieb gießen, mit der Buttermilch, der Speisestärke, der Zitronenschale, dem Zucker und 1 Prise Salz in einem Topf verrühren. Die Buttermilchsuppe unter Rühren bei schwacher bis mittlerer Hitze aufkochen und kurz köcheln lassen. Die Suppe eventuell noch mit etwas Zucker abschmecken.

4 Die Backpflaumen und die Birnen hineingeben und in der Suppe erwärmen. Die Buttermilchsuppe in tiefen Tellern anrichten, nach Belieben mit grob zerbröseltem Schwarzbrot oder Pumpernickel bestreuen.

Otto Koch empfiehlt:

» Von Buttermilchsuppe gibt es unzählige Variationen. Traditionell wird sie eher schlicht zubereitet. Probieren Sie einfach aus, wie sie Ihnen am besten schmeckt. Statt der Backpflaumen können Sie z.B. auch anderes Trockenobst, wie Rosinen, verwenden. Besonders luftig wird die Suppe übrigens, wenn Sie vor dem Servieren noch etwas steif geschlagene Sahne unterheben. «

– Nordrhein-Westfalen –

Kastenpickert
(Kartoffelbrot mit Rosinen)

Zutaten für 1 Kastenform
(25 cm Kantenlänge)
1/4 l Milch
30 g frische Hefe
2 EL Zucker
1 kg mehligkochende Kartoffeln
2 Eier
1/2 TL Salz
500 g Mehl
150 g Rosinen
Butter und Paniermehl
für die Form
Butter zum Braten
Rübenkraut (Zuckerrübensirup)
zum Servieren

1 Die Milch in einem Topf leicht erwärmen, den Topf vom Herd nehmen und die Hefe darin auflösen. Den Zucker hinzufügen. Die Hefemilch etwa 15 Minuten gehen lassen.

2 Die Kartoffeln schälen, waschen und fein reiben. Die Kartoffelmasse in ein Sieb oder ein Küchentuch geben und leicht ausdrücken. Die Kartoffeln in eine Schüssel geben. Die Hefemilch, die Eier und das Salz untermischen. Das Mehl mit den Knethaken des Handrührgeräts esslöffelweise unterkneten. Den Kartoffel-Hefeteig weitere 5 Minuten gründlich kneten. Den Teig zugedeckt etwa 1 Stunde gehen lassen.

3 Die Rosinen auf einem Sieb mit warmem Wasser abbrausen und abtropfen lassen. Die Kastenform mit etwas Butter einfetten und mit Paniermehl ausstreuen. Die Rosinen unter den Kartoffel-Hefeteig kneten. Den Teig in die Form füllen und zugedeckt an einem warmen Ort weitere 30 Minuten gehen lassen.

4 Den Backofen auf 180 °C vorheizen. Den Kastenpickert im Ofen auf der mittleren Schiene etwa 1 Stunde backen.

5 Den ausgekühlten Pickert in Scheiben schneiden. Etwas Butter in einer Pfanne zerlassen und die Pickertscheiben darin auf beiden Seiten goldbraun braten. Mit Rübenkraut servieren.

Otto Koch empfiehlt:

» Kastenpickert muss nicht unbedingt der süße Ausklang sein, sondern eignet sich genauso gut als herzhafter Einstieg. Probieren Sie die goldbraun gebratenen Scheiben einmal zusammen mit Enten- oder Gänseleberterrine und servieren Sie dazu etwas Quittengelee. «

– Baden-Württemberg –

Pfitzauf (Eiergebäck)

Zutaten für 4 Personen
Butter und Mehl für die Formen
250 g Mehl
1/2 l Milch
4 Eier
Salz
1–2 TL Zucker
2 EL zerlassene Butter
Puderzucker zum Bestäuben

1 Den Backofen auf 210 °C vorheizen. Die acht Mulden einer Pfitzaufform oder acht hohe ofenfeste Portionsförmchen dick mit Butter einfetten und mit Mehl ausstäuben.

2 Das Mehl mit der Milch, den Eiern, 1 Prise Salz und dem Zucker in einer Rührschüssel verrühren. Die Butter kurz unterrühren. Den Teig in die Piftzaufform oder die Portionsförmchen füllen (maximal zu drei Viertel befüllen).

3 Die Pfitzauf im Ofen auf der mittleren Schiene etwa 45 Minuten backen. Der Teig sollte dabei sehr stark aufgehen, mindestens auf die doppelte Größe.

4 Die Pfitzauf in der Form bzw. den Portionsförmchen kurz ruhen lassen. Sie sollten außen knusprig und braun und innen fast hohl sein. Die Pfitzauf herausnehmen und noch heiß oder lauwarm mit Puderzucker bestäuben. Nach Belieben mit Vanillesauce (siehe S. 166) oder Kompott servieren.

PFITZ, PASS AUF!

Pfitzauf ist im Grunde eine Art Pfannkuchen-Soufflé, das in speziellen Formen gebacken wird. Diese bestehen aus glasiertem Ton und sind tiefer als beispielsweise Muffinformen. Damit der Teig tatsächlich im Ofen »aufpfitzt«, ist es wichtig, dass alle Zutaten vor der Zubereitung Zimmertemperatur annehmen können, frische Eier verwendet werden und der Ofen während des Backens geschlossen bleibt. Der sättigende Pfitzauf zählt zu den Süßspeisen, die in Baden-Württemberg oft freitags als Hauptmahlzeit auf den Tisch kommen, da an diesem Tag traditionell kein Fleisch verzehrt wird.

Vincent Klink empfiehlt:

» Pfitzauf sollte man gut durchbacken und die Formen eventuell mit Alufolie abdecken. Nimmt man die Pfitzauf aus dem Ofen und sie fallen zusammen, dann sind sie innen noch zu roh. Also länger backen – und das kann gut und gerne 50 Minuten dauern. «

– Bayern –

Dampfnudeln
mit Vanillesauce

Zutaten für 4 Personen

Für die Dampfnudeln:

1/2 l Milch
1/2 Würfel Hefe
500 g Mehl
50 g Zucker
Salz
2 Eier
140 g weiche Butter
Mehl zum Verarbeiten

Für die Vanillesauce:

1 Vanilleschote
200 ml Milch
200 g Sahne
50 g Zucker
4 Eigelb

1 Für die Dampfnudeln 1/4 l Milch leicht erwärmen und die zerbröckelte Hefe darin auflösen. Das Mehl, 20 g Zucker und 1 Prise Salz in einer Schüssel mischen, mittig eine kleine Mulde hineindrücken. Die Hefemilch hineingießen und mit etwas Mehlmischung zu einem Vorteig verrühren. Den Teig zugedeckt an einem warmen Ort 15 Minuten gehen lassen.

2 Die Eier verquirlen, mit 80 g Butter zum Vorteig geben. Alles mit den Knethaken des Handrührgeräts zu einem glatten Teig verkneten, der sich vom Schüsselrand löst. Den Hefeteig zugedeckt weitere 45 Minuten gehen lassen.

3 Den Hefeteig auf einer leicht bemehlten Arbeitsfläche kurz kräftig durchkneten und zu Rollen (à etwa 5 cm Durchmesser) formen. Die Rollen in knapp 5 cm breite Stücke schneiden und jedes Stück mit leicht bemehlten Händen zu einer glatten Kugel rollen (siehe S. 155).

4 Die restliche Milch in einem flachen Topf (etwa 30 cm Durchmesser) mit dickem Boden mit dem übrigen Zucker und 1 Prise Salz erwärmen. Die restliche Butter darin schmelzen und den Topf vom Herd ziehen. Die Teigkugeln mit der Naht nach unten nebeneinander hineinsetzen und erneut zugedeckt 20 Minuten gehen lassen.

5 Den Topf auf den Herd stellen und die Dampfnudeln zugedeckt bei schwacher bis mittlerer Hitze zum Kochen bringen. Anschließend bei sehr schwacher Hitze etwa 30 Minuten dämpfen, dabei den Deckel nicht öffnen, sonst entweicht der Dampf, und die Nudeln fallen zusammen.

6 Für die Vanillesauce die Vanilleschote der Länge nach aufschneiden. Das Mark mit einem Messer herauskratzen und mit der Schote, der Milch, der Sahne und dem Zucker in einen Topf geben. Die Vanillesahne unter Rühren aufkochen und vom Herd nehmen. Die Vanilleschote entfernen. Die Eigelbe in einer Schüssel verquirlen. Etwa drei Viertel der heißen Vanille-Sahne nach und nach in die Eigelbe rühren. Die temperierte Eigelbsahne unter Rühren zur restlichen Vanillesahne in den Topf geben und bei mittlerer Hitze unter ständigem Rühren erhitzen, bis die Sauce leicht andickt. Den Topf vom Herd nehmen und die Sauce durch ein feines Sieb gießen.

7 Nach Belieben die leicht abgekühlte Vanillesauce zum Servieren mit dem Stabmixer aufschäumen und zu den Dampfnudeln reichen.

VIEL DAMPF UM EINE NUDEL

Ob die Dampfnudel ursprünglich aus Bayern oder aus Rheinland-Pfalz kommt, darüber ist man sich nicht ganz einig. Ein traditionelles Gericht ist die Teigspezialität in beiden Ländern, beliebt ist sie im ganzen süddeutschen Raum. Mit Pasta hat die Dampfnudel allerdings nichts zu tun: »Nudel« scheint nur eine weitere Ableitung von »Knödel« zu sein, wie schon ihre Form vermuten lässt.

Otto Koch empfiehlt:

» Wenn man die Dampfnudeln in einem gusseisernen Topf gart, bildet sich auf der Unterseite eine Kruste. In Bayern sagt man dazu ›Ramerl‹. Die hat mir in der Kindheit besonders gut geschmeckt, und auch heute ist sie für mich das Merkmal einer gelungenen Dampfnudel. «

– Rheinland-Pfalz –

Pfälzer Weinsauce
auf klassische Art

Zutaten für 4–6 Personen

1/2 l Weißwein (z.B. Riesling)
1 EL Speisestärke
2 EL Zucker
2 Eier · Salz

1 Vom Wein etwa 3 EL abnehmen und mit der Speisestärke verrühren. Den restlichen Wein mit 1/4 l Wasser und dem Zucker in einem Topf aufkochen. Die angerührte Speisestärke hineinrühren. Die Weinsauce kurz köcheln lassen und vom Herd ziehen.

2 Die Eier trennen. Die Eiweiße mit 1 Prise Salz in einer Rührschüssel steif schlagen, die Eigelbe verquirlen.

3 Die Weinsauce wieder erhitzen und die Eigelbe mit dem Schneebesen hineinrühren. Die Weinsauce etwa 5 Minuten kräftig aufschlagen und den Topf wieder vom Herd nehmen.

4 Den Eischnee vorsichtig unter die Weinsauce heben. Die Weinsauce warm servieren, z.B. zu Erdbeeren, Weintrauben oder Dampfnudeln (siehe S. 166).

Karlheinz Hauser empfiehlt:

» Je besser der Riesling, desto besser wird natürlich auch die Sauce. Achten Sie darauf, dass der Riesling nicht zu viel Säure hat, und bevorzugen Sie einen eher milden Weißwein für dieses Gericht! «

– Baden-Württemberg –

Apfelküchle
mit Zimt und Zucker

Zutaten für 4–6 Personen
4 mittelgroße Äpfel
1 Päckchen Vanillezucker
120 g Mehl
Salz
1 Eigelb
1/8 l Milch (oder Weißwein)
abgeriebene Schale von
1/2 unbehandelten Zitrone
2 EL zerlassene Butter
Butterschmalz (oder Öl)
zum Ausbacken
2 Eiweiß
4 EL Zucker
1/2 TL Zimtpulver

1 Die Äpfel schälen, mit dem Apfelausstecher die Kerngehäuse entfernen und die Äpfel in 1 cm dicke Ringe schneiden. Die Apfelringe mit dem Vanillezucker bestreuen.

2 Das Mehl, 1 Prise Salz, das Eigelb und die Milch gründlich verrühren. Die Zitronenschale und die Butter unterrühren und den Teig etwa 15 Minuten quellen lassen.

3 Inzwischen das Ausbackfett in einem hohen Topf erhitzen – es ist heiß genug, wenn sich an einem hineingehaltenen Holzlöffelstiel Blasen bilden. Die Eiweiße steif schlagen, dabei 1 TL Zucker einrieseln lassen. Den Eischnee unter den Teig heben.

4 Die Apfelringe durch den Teig ziehen, kurz abtropfen lassen und portionsweise im heißen Fett goldbraun ausbacken, dabei einmal wenden. Die Apfelküchle auf Küchenpapier abtropfen lassen. Den restlichen Zucker mit dem Zimt mischen. Die Apfelküchle im Zimtzucker wenden und noch warm servieren. Nach Belieben eine Vanillesauce (siehe S. 166) dazu servieren.

Jörg Sackmann empfiehlt:

» Für Apfelküchle sollte man immer feste Apfelsorten verwenden, wie z.B. Boskop. Und den Ausbackteig am besten noch mit einem Süßwein und frischer Vanille abschmecken. Ein schönes Aroma bekommt der Teig auch mit etwas geriebener Orangenschale. «

– Sachsen –

Sächsische Quarkkeulchen
mit Korinthen

Zutaten für 4 Personen

75 g Korinthen
500 g mehligkochende Kartoffeln (am Vortag gekocht)
250 g Magerquark
2 Eier
50 – 75 g Mehl
Salz · 50 g Zucker
1/2 TL Zimtpulver
1 Msp. Vanillemark
abgeriebene Schale von 1 unbehandelten Zitrone
100 g Butterschmalz
Puderzucker zum Bestäuben

1 Die Korinthen mit etwas heißem Wasser übergießen und kurz quellen lassen. Die Korinthen in ein Sieb abgießen, abtropfen lassen und mit Küchenpapier trocken tupfen.

2 Die Kartoffeln pellen und in eine große Rührschüssel reiben. Die Korinthen, den Quark, die Eier, 50 g Mehl, 1 Prise Salz, den Zucker, den Zimt, das Vanillemark und die Zitronenschale hinzufügen. Alles mit den Knethaken des Handrührgeräts verrühren. Falls nötig, noch etwas Mehl unterkneten, bis der Teig nicht mehr klebt.

3 Das Butterschmalz in einer großen Pfanne erhitzen – es ist heiß genug, wenn sich an einem hineingehaltenen Holzlöffelstiel Blasen bilden. Mit einem Esslöffel große Nocken vom Kartoffelteig abstechen und zu ovalen Keulchen formen. Die Quarkkeulchen im Schmalz rundum goldbraun ausbacken. Herausnehmen und auf Küchenpapier abtropfen lassen. Noch heiß mit Puderzucker bestäuben und auf Tellern anrichten. Nach Belieben mit Kompott, Rumtopffrüchten oder Apfelmus servieren.

SÜSSES AUS KINDERTAGEN

Ob als süße Hauptspeise, als kräftiges Dessert nach einem leichten Snack oder anstelle des Kuchens am Nachmittag: Sächsische Quarkkeulchen sind eine Gaumenfreude für Groß und Klein. Am besten schmecken die Keulchen, wenn sie noch lauwarm auf den Tisch kommen. Die traditionelle Beilage ist Apfelmus, im Sommer passen aber auch sehr gut mit Himbeergeist, Minze und Puderzucker marinierte frische Beeren dazu. Wenn Kinder mitessen, sollte man aber lieber bei Kompott bleiben oder den Himbeergeist durch Obstsaft ersetzen.

Michael Kempf empfiehlt:

» Man kann die Keulchen auch salzig zubereiten. Hierfür die Korinthen weglassen und nur 1 Prise Zucker und etwas mehr Salz verwenden. Mit Muskatnuss und weißem Pfeffer würzen. Dies ist eine besondere Beilage zu Wildgerichten, die sehr gut Saucen aufnimmt. «

Genuss aus allen Regionen

Baden-Württemberg – Feines aus dem Ländle

Die Küche gilt als eine der besten Deutschlands. Nationalgericht des Ländles sind schwäbische Maultaschen, aber auch Eierteigwaren wie Spätzle oder die weltberühmte Schwarzwälder Kirschtorte sind aus der bodenständigen Küche nicht wegzudenken. Die Nähe Frankreichs spürt man in Gerichten wie Zwiebelkuchen und feinem Sauerkraut.

Rezepte z.B. auf Seite 14, 24 und 144

Bayern – ein Prosit der Gemütlichkeit

Nicht nur das heimische Bier ist über die Landesgrenzen hinaus bekannt. Die Säulen der bayerischen Küchenkultur bilden zahlreiche Fleisch- und Bratengerichte, Knödel und Mehlspeisen. Typisch ist auch die Tradition der Brotzeit mit Schmankerln wie Obatzda oder Brezen, die besonders gern in den zahlreichen Biergärten genossen werden.

Rezepte z.B. auf Seite 16, 66 und 112

Berlin – mit Herz und Schnauze

Kosmopolitisch war Berlin schon immer, und so prägten unter anderem Einwanderer aus Böhmen, Ostpreußen oder Schlesien diese deftige und bodenständige Hausmannskost. Aber hier gibt es auch Erfindergeist – der Rollmops und das Kasseler stammen ursprünglich aus dieser Stadt. Und was wäre Berlin ohne seine Currywurst?

Rezepte z.B. auf Seite 20, 75 und 97

Brandenburg – Reichtum aus Land und Wasser

Ob Teltower Rübchen, Spargel aus Beelitz oder Gurken aus dem Spreewald – Gemüsespezialitäten wie diese wissen nicht nur die Einheimischen zu schätzen. Einst hat sogar Friedrich der Große hier den Kartoffelanbau angeordnet. Viele Seen und Flüsse bereichern die Gerichte mit Fisch in allen Varianten, wie z.B. mit Havelzander.

Rezepte z.B. auf Seite 128, 138 und 140

Bremen – Deftiges aus dem hohen Norden

Das kleinste Bundesland Deutschlands beweist seine Nähe zum Meer mit ehemaligen Seefahrergerichten wie Labskaus mit Hering oder dem Eintopf Pluckte Finken. Nicht nur auf dem Meer – auch an Land ist die Küche deftig, nahrhaft und reichlich. Das Traditionsessen »Kohl und Pinkel« wird Jahr für Jahr als sehr geselliges Ereignis zelebriert.

Rezepte auf Seite 39 und 139

Hamburg – hanseatische Gaumenfreuden

Die Küche ist mit ihren zahlreichen Fisch- und Meeresfrüchtegerichten durch die Nähe zu Elbe und Meer geprägt. Dem Alten Land, dem größten zusammenhängenden Obstanbaugebiet Mitteleuropas, verdankt die Region vor allem ihren großen Apfelreichtum. Nicht verwunderlich, dass die Hamburger viele herzhafte Speisen mit Obst kombinieren.

Rezepte z.B. auf Seite 42, 51 und 54

Hessen – in guter Nachbarschaft

Hessens größte Stadt ist auch Namenspatron für viele ihrer bekanntesten Spezialitäten, wie Frankfurter Würstchen oder Grüne Sauce. Aber auch Nachbarländer prägen die Vorlieben: Im Norden gibt es Wurstspezialitäten wie in Thüringen, im Süden guten Wein wie in Franken und Rheinhessen. Den Äbbelwoi trinkt man natürlich überall gerne.

Rezepte z.B. auf Seite 19, 92 und 160

Mecklenburg-Vorpommern – Seen und me(e)hr

Die Ostsee sowie zahlreiche Flüsse und Seen schenken dem Land eine große Fischauswahl von Aal bis Zander. Aber auch Wild aus den zahlreichen Wäldern und Kartoffeln in allen Varianten bereichern den Speiseplan dieser typisch norddeutschen Küche. Viele Gerichte werden mit Pflaumen oder Rosinen verfeinert.

Rezepte z.B. auf Seite 35, 50 und 111

Niedersachsen – bodenständige Delikatessen

In der Küche dieser Region ist die Kartoffel die Beilage Nr. 1. Überhaupt spielt die Bodenbeschaffenheit hier eine große Rolle – für typische Spezialitäten wie Salzlämmer, Heidschnucken oder den Spargel: Entlang der Niedersächsischen Spargelstraße gedeiht das edle Stangengemüse prächtig und ist dementsprechend beliebt.

Rezepte z. B. auf Seite 48, 82 und 142

Nordrhein-Westfalen – rund um Rhein und Ruhr

Schinken und Wurst liegen in dieser Region in der Beliebtheit ganz weit vorne. Doch Nordrhein-Westfalen gilt auch als Deutschlands zweitgrößtes Spargel- und drittgrößtes Milchland. Heiß geliebte Klassiker mit einer langen Tradition sind der Sauerbraten und der Kartoffel-Apfel-Stampf Himmel un Ääd mit Blutwurst.

Rezepte z. B. auf Seite 40, 100 und 132

Rheinland-Pfalz – mediterran begünstigt

Im milden Klima an Rhein und Mosel gedeihen neben ausgezeichneten Weinen auch Spezialitäten wie Esskastanien oder Feigen. Sie sind eine beliebte Ergänzung zu Wild- und Geflügelgerichten. Die hügelreiche Landschaft erschwerte den Ackerbau, daher waren früher vor allem Bohnen, Sauerkraut oder Kartoffeln auf dem Teller zu finden.

Rezepte z. B. auf Seite 36, 108 und 168

Saarland – mit einem Gruß aus Frankreich

Als Auflauf, als Kloß oder Puffer – Kartoffeln gehören zu jeder Jahreszeit auf den Speiseplan der Saarländer. Ebenso beliebt sind hausgemachte Wurst- und Fleischgerichte, z.B. die Lyoner Ringwurst oder Spezialitäten vom Grill. So einfach die Grundzutaten sein mögen, der Einfluss des Nachbarlands Frankreich gibt ihnen eine raffinierte Note.

Rezepte z. B. auf Seite 70, 124 und 130

Sachsen – allerlei (und) Süßes

Auch wenn es »die eine« sächsische Küche nicht gibt – für Dresdner Stollen, Kaffee und Kuchen ist die Region berühmt. Die gesunde Basis für derlei Süßigkeiten bilden Kartoffeln in allen Zubereitungsformen und Gemüse wie Erbsen, Bohnen und verschiedene Kohlsorten. Und allen voran das traditionsreiche Leipziger Allerlei.

Rezepte auf Seite 30, 150 und 170

Sachsen-Anhalt – von Wäldern, Wiesen und Bergen

Ausgedehnte Wälder und die fruchtbare Magdeburger Börde liefern dem Land Wild, Kartoffeln und Getreide satt. Der Harz gibt manch bekannten Produkten ihren Namen, zum Beispiel den Bachforellen und dem charakterstarken Harzer Käse. Auch der »Klump« aus Hefe- oder Kartoffelteig hat seinen festen Platz auf dem Speiseplan.

Rezepte z.B. auf Seite 60, 76 und 156

Schleswig-Holstein – Essen zwischen den Meeren

Kulinarisch spiegelt das nördlichste Bundesland natürlich seine Lage zwischen Nord- und Ostsee wider. Das Eigentümliche der Küche besteht aber auch in der »Brooken Sööt«, der gebrochen Süße, womit die vielen kreativen Kombinationen aus Süßem und Herzhaftem gemeint sind, wie beispielsweise beim Klassiker Birnen, Bohnen und Speck.

Rezepte z.B. auf Seite 52, 146 und 148

Thüringen – Herzhaftes im Herzen Deutschlands

Die Küche Thüringens ist keine leichte: Zu den beliebten Fleisch- und Wildgerichten darf eine gehaltvolle Sauce nicht fehlen. Und auch die Zubereitung ist nicht immer einfach, für Thüringer Klöße braucht man schon das richtige Know-how. Der Obstanbau sorgt aber auch für fruchtige Akzente, z.B. bei zahlreichen Blechkuchenvariationen.

Rezepte z.B. auf Seite 21, 32 und 98

Die ARD Buffet-Fernsehköche

Im »ARD-Buffet« zeigen bekannte Spitzenköche fünfmal die Woche, wie gute Küche auch zu Hause funktioniert. Mit Können und Kreativität regen sie Tag für Tag zum Nachkochen an und inspirieren ihre Zuschauer mit raffinierten und ausgefallenen Gerichten. Egal ob Fleisch, Fisch oder vegetarisch – Vielfalt und Ausgewogenheit liegen ihnen am Herzen. Und die »ARD-Buffet«-Köche sind natürlich bestens vertraut mit den regionalen Küchen Deutschlands und wissen, worauf es ankommt. Daher haben sie die Gerichte in diesem Buch mit ihrem kulinarischen Erfahrungsschatz bereichert, indem sie Tipps zu den Zubereitungen, den Produkten oder Varianten geben. Und sie wünschen Deutschland einen guten Appetit!

Jacqueline Amirfallah

Jacqueline Amirfallah wollte das Geheimnis der guten Küche entdecken und begann deshalb nach ihrem Studium der Soziologie eine zweite Ausbildung zur Köchin. In Häusern wie dem renommierten Sterne-Restaurant »Im Schiffchen« in Düsseldorf erweiterte sie nach der Lehre ihr Wissen. Seit 1998 ist Amirfallah Küchenchefin im »Gauß – Restaurant am Theater« in Göttingen. Dort lässt die ambitionierte Köchin ihre Gäste immer mal wieder am Zauber ihrer orientalischen Heimatküche teilhaben. Daneben liegen Jacqueline Amirfallah gute Produkte aus der Region sehr am Herzen. Diese kann man von ihr zu saisonalen Köstlichkeiten verarbeitet auch im 2011 neu eröffneten »Bistro Apex« in Göttingen genießen.

Karlheinz Hauser

Die Kunstfertigkeit der Spitzengastronomie lernte er von den Großen des Fachs, wie Eckart Witzigmann, der den gebürtigen Badener als »eines der größten Talente in Deutschland« bezeichnete. Mit Gerd Käfer richtete Hauser weltweit Caterings und Bankette aus. Weitere Station seines Berufswegs war das »Hotel Adlon« in Berlin, wo er als Küchendirektor und gastronomischer Leiter Bankette für nationale und internationale Prominenz veranstaltete. Seit 2002 führt Karlheinz Hauser auf dem traditionellen Hamburger Süllberg sein Restaurant mit Hotel. Für seine moderne Küche wird er immer wieder ausgezeichnet, unter anderem mit dem »Prix Culinaire d'Europe« und einem Stern im Guide Michelin.

Michael Kempf

Für Michael Kempf war schon sehr früh klar, dass er Koch werden wollte. Der talentierte Oberschwabe hat sein Handwerk in der Heimat von der Pike auf gelernt. Sternengekrönte Häuser wie das »Wald- und Schlosshotel Friedrichsruhe« unter Lothar Eiermann, das Restaurant »Fischerzunft Schaffhausen« unter André Jaeger und das »Restaurant Dieter Müller« waren Stationen seiner anschließenden Wanderjahre und prägten seinen Kochstil. Dieser zeichnet sich aus durch die Liebe zum Produkt und überraschende Aromenkombinationen. Seit 2003 ist Michael Kempf Küchenchef im »Restaurant Facil« im THE MANDALA Hotel in Berlin, das mit einem Stern im Guide Michelin geführt ist.

Vincent Klink

Vincent Klink eröffnete 1974 in seinem Heimatort Schwäbisch Gmünd das Restaurant »Postillion«. 1991 zog er in das neu gebaute Gourmet-Restaurant »Wielandshöhe« in Stuttgart um. Klink zählte zu den ersten Anhängern der Nouvelle Cuisine, lebt noch in dieser Tradition, hat aber daraus seine regionale und klassische Küche entwickelt. Die Unterstützung von ökologisch arbeitenden regionalen Erzeugern ist eines seiner größten Anliegen. Unter »Häuptling Eigener Herd« gibt er mit dem Satiriker und Dichter Wiglaf Droste eine Vierteljahresschrift brisant-kulinarischen, aber auch heiteren Inhalts heraus.

Otto Koch

Otto Koch eröffnete nach verschiedenen Anstellungen im In- und Ausland 1974 das Restaurant »Le Gourmet« in München. Zwei Jahre später bekam er seinen ersten Stern, auf den zahlreiche weitere Auszeichnungen folgten. Seit 1996 ist Otto Koch Gourmet-Chef und kulinarischer Berater beim Reiseveranstalter Robinson. 2001 eröffnete er das Gourmet-Restaurant »KochArt« im Robinson Club Alpenrose Select Zürs am Arlberg/Österreich, bereits 2004 wurden er und sein Team mit einem Michelin-Stern ausgezeichnet. Seit Oktober 2009 ist Otto Koch Patron des »Restaurant 181« im Olympiaturm München. Auch hier griff er wieder nach den Sternen, im Herbst 2010 wurde er mit einem Michelin-Stern ausgezeichnet.

Jörg Sackmann

Seine viel gelobte, mit dem Michelin-Stern und weiteren Preisen ausgezeichnete Kochkunst überzeugt durch Kreativität und Perfektion bis ins Detail. Gelernt hat dies der Hotelierssohn Jörg Sackmann unter anderem bei großen Lehrmeistern wie Harald Wohlfahrt und Eckart Witzigmann. Deren Leidenschaft für die Kochkunst hat auch bei Jörg Sackmann Spuren hinterlassen. Zurück im elterlichen Betrieb im Gourmetdorf Baiersbronn, wollte er mehr als nur Jägerschnitzel. Heute führt der talentierte Koch den Familienbetrieb »Romantik-Hotel Sackmann«. Im dazugehörenden Restaurant »Schlossberg« kann man seine geschmacksintensive Küche mit regionalen und traditionellen Einflüssen genießen.

In jeder Region auf Sendung

Die Ratgebersendung »ARD-Buffet« im Ersten steht für gesunde Ernährung und eine saisonale, regionale Küche. Das sind ideale Voraussetzungen, um die beliebtesten Gerichte Deutschlands zu suchen und zu finden. Tatkräftig unterstützt von den Dritten Fernsehprogrammen: In der ersten Runde wurden traditionelle regionale Gerichte aus allen Bundesländern in den Nachmittagssendungen der Dritten vorgestellt – über eine Onlineabstimmung haben die Zuschauer daraufhin ihre Favoriten gewählt. Die Siegergerichte der 16 Bundesländer, die Sie natürlich auch in diesem Buch finden, wurden in den folgenden Sendeformaten ermittelt und von ihren beliebten Fernsehköchen zubereitet.

»Wir in Bayern«, Bayerischer Rundfunk, BR

Montag bis Freitag von 15.30 bis 16.45 Uhr im Bayerischen Fernsehen

Die Sendung macht Lust auf Heimat: mit Wissenswertem über reizvolle Reiseziele und gelebte Tradition, mit interessanten Gästen und unterhaltsamen Geschichten. Und natürlich, als Finale jeder Sendung mit einem kulinarischen Schmankerl zum Nachkochen oder Nachbacken – feine Rezepte aus der bayerischen Küche, zeitgemäß interpretiert.

»service:trends«, Hessischer Rundfunk, HR

Mittwoch von 18.50 bis 19.15 Uhr im hr fernsehen

In dieser Ratgebersendung dreht sich alles rund um Haushalt und Kochen. Regelmäßig kommentiert ein Ernährungsexperte Qualität, Nährwert und Preise von verschiedenen Lebensmitteln. Das Besondere sind die ganz alltagsnahen, einfachen, aber wirkungsvollen Tricks und Kniffe, die den Zuschauern das Leben schöner und leichter machen.

»Hier ab vier«, Mitteldeutscher Rundfunk, MDR

Montag bis Freitag von 16.00 bis 18.00 Uhr im MDR-Fernsehen

Das vielseitige Magazin informiert Zuschauer in Sachsen, Sachsen-Anhalt und Thüringen über Aktuelles aus der Region. Unterhaltung bieten Talks mit Prominenten, Service-Tipps gibt's von Experten. »Anrufen und Mitmachen« lautet das Motto, auch am Freitag, wenn Sterne-Koch Christian Henze Köstliches zubereitet.

»Mein Nachmittag« – der Nachmittag im Norden, Norddeutscher Rundfunk, NDR

Montag bis Freitag von 16.10 bis 17.10 Uhr im NDR-Fernsehen

Die Sendung bietet Information und Unterhaltung mit Geschichten über spannende Persönlichkeiten. Experten geben Tipps für Küche, Einrichtung oder Mode und helfen in Lebensfragen. Zuschauer kochen ihre Lieblingsrezepte, und Landfrauen backen Traumtorten.

»zibb« – zuhause in berlin & brandenburg, Rundfunk Berlin-Brandenburg, rbb

Montag bis Freitag von 18.30 bis 19.25 Uhr im rbb-Fernsehen

Das Livemagazin informiert über das Wichtigste vom Tage und liefert Tipps für den Abend in Stadt und Land, spannende Reportagen und Liveübertragungen vom roten Teppich. Außerdem einen Service für alle Lebenslagen und immer wieder zum Thema »Gesunde Küche«.

»Kaffee oder Tee« – der SWR-Nachmittag, Südwestrundfunk, SWR

Montag bis Freitag von 16.05 bis 18.00 Uhr und Samstag »Das Beste am Samstag« von 16.00 bis 17.15 Uhr im SWR-Fernsehen

Es gibt Verbrauchertipps, Gesundheits- und Wellnessinformationen, Warenkunde und Rechtsberatung. Mittwochs wird live gekocht, jeden Freitag gibt es als Einstimmung auf das Wochenende den »Sonntagskuchen«.

»daheim & unterwegs«, Westdeutscher Rundfunk, WDR

Montag bis Freitag von 16.15 bis 17.59 Uhr im WDR-Fernsehen

Die Sendung bietet ein erfolgreiches und vielseitiges Nachmittagsprogramm, das Information, Interaktion und Unterhaltung miteinander verbindet. Rund 100 Minuten täglich zum Klönen, Diskutieren, Kochen und Gärtnern. Für Ratespiele, Spartipps und Bastelideen sowie Lebensgeschichten aus Nordrhein-Westfalen.

Register

A/B/C

D/E

F

G

H

K

L

M/N/O

Hinweis der Redaktion: Der Redaktion ist bekannt, dass es unzählige regionale Varianten von deutschen Rezeptklassikern gibt. Die Auswahl für die Rezepturen in diesem Buch wurde nach bestem Wissen und Gewissen und im Hinblick auf die Zufriedenheit der Leser getroffen.

Baden-Württemberg

Bayern

Berlin

Brandenburg

Bremen

Hamburg

Hessen

Mecklenburg-Vorpommern

Niedersachsen

Nordrhein-Westfalen

Rheinland-Pfalz

Saarland

Sachsen

Sachsen-Anhalt

Schleswig-Holstein

Thüringen

Bildnachweis:

Grafik Umschlagvorderseite: SWR

Illustrationen: Norbert Pautner: 7, 172-175; Johann Brandstetter (sonstige Illustrationen/Anekdoten)

Kapitelaufmacherfotos: Fotolia/Thomas Neumahr: 86-87; Fotolia/Nobapix: 118-119; iStockphoto/Philartphace: 44-45; LOOK-foto/Sabine Lubenow: 104-105; Stockfood/Achim Deimling-Ostrinsky: 26-27; Stockfood/C. Farr-Weinfeld: 152-153; Stockfood/Johner: 62-63; Stockfood/F. Strauss: 8-9; Stockfood/Studio Lipov: 134-135

Fotos Bundesländerporträts: Fotolia/Klaus Eppele: 172 o.; Fotolia/gourmecana: 173 o.; Fotolia/Stefan Gräf: 175 (2.v.o.); Fotolia/S Hagebusch: 175 o.; Fotolia/JGS@kabelmail.de: 174 u.; Fotolia/kameraauge: 173 (2.v.o.), 174 o., 175 (2.v.u.); Fotolia/Michael Kügler: 174 (2.v.o.); Fotolia/Roman M: 175 u.; Fotolia/sashpictures: 173 (2.v.u.) Fotolia/inka schmidt: 174 (2.v.u.); Fotolia/stadelpeter: 172 u.; Fotolia/M. Steinbach: 172 (2.v.o.); Fotolia/view7: 172 (2.v.u.); Fotolia/wiw: 173 u.

Fotos Kochporträts: SWR/Käthner: 177 (2. v. o.); SWR/Kistner: 177 o.; SWR/Kluge: 177 (2. v. u.); SWR/Peter A. Schmidt: 177 u.; SWR/Stephanie Schweigert: 176 o.; SWR/Schweigert: 176 u.

Stepfotos: Jo Kirchherr: 11 u., 65 o., 89 o., 107 M. und u., 121 o.; A. Kramp & B. Gölling: 11 M., 29 o. und M., 47 o., 65 M. und u., 89 u., 137 o., 2. und 3. v.u., 155 M.; J.-P. Westermann: 11 o., 29 u., 47 M. und u., 65 u., 89 M., 107 o., 121 M. und u., 137 M. und 1.v.l.u., 155 o. und u.

Warenkundefotos: A. Kramp & B. Gölling